JACQUES LANZMANN

Les Transsibériennes

ROMAN

ROBERT LAFFONT

LES TRANSSIBERIENNES

Né en 1927 à Bois-Colombes (Hauts-de-Seine), près de Paris, Jacques Lanzmann commence une carrière de peintre (groupe de l'École de Paris) qu'il abandonne pour voyager autour du monde. Il gagnera sa vie comme ouvrier dans une mine de cuivre au Chili, joueur professionnel, contrebandier, homme de ménage, camionneur, peintre en bâtiment et rapportera de ses expéditions des romans-reportages pleins de verve et de couleur.
Principaux livres : La Glace est rompue *(1954),* Le Rat d'Amérique *(1956)* Cuir de Russie *(1957),* Les Passagers du Sidi-Brahim *(1958),* Un Tyran sur le sable *(1959),* Viva Castro *(1959),* Qui vive! *(1965),* Le Têtard *(1976), etc.*
Critique dramatique aux Lettres françaises *de 1955 à 1958, fondateur avec Daniel Filipacchi du magazine* Lui *(1963-1969) et d'*Édition spéciale *avec Jean-Claude Lattès (1968-1973), il a écrit divers scénarios pour le cinéma et la plupart des chansons de Jacques Dutronc.*

On ne prend pas impunément le transsibérien, même pour un second voyage de noces...
Il y a dix ans que David et Louise sont mariés, dix ans qu'ils ont fait leur premier voyage de noces sur l'Amazone. Et ils ont décidé, pour se retrouver, de faire le point en tête-à-tête au cours d'un nouveau long trajet : il faut onze jours au transsibérien pour atteindre le Pacifique. Projet raisonnable, si un couple pouvait jamais être raisonnable, si David n'était pas un forcené de l'amour, si le transsibérien ne transportait que de placides fonctionnaires soviétiques, si un cercueil n'était pas du voyage, si..., si...
Avec ces si-là et quelques autres, Jacques Lanzmann a réussi l'impossible : dans un wagon du transsibérien, il a mis toute la comédie amoureuse d'aujourd'hui, et bien plus, avec cette manière tendre et drôle qu'il a de regarder les êtres et les choses et de nous les conter en riant - en riant jaune quelquefois.
Oui, avec l'auteur du *Têtard,* on ne prend pas impunément le transsibérien...

ŒUVRES DE JACQUES LANZMANN

Dans Le Livre de Poche :

LA GLACE EST ROMPUE *suivi de*
CUIR DE RUSSIE.
LE TÊTARD.
RUE DES MAMOURS.
LA BALEINE BLANCHE.

Pour Albert Osinski

CHAPITRE PREMIER

DANS le taxi qui l'emmène gare du Nord où son train pour Moscou est sans doute en formation, David tente de maîtriser ses pensées qui se bousculent et se chevauchent comme les centimes sur le voyant du compteur.

Bon, voyons. Où en est-il ? Il a agi sur un coup de tête. Il aurait pu arrêter la dispute, la faire dévier, la tourner en dérision, « lui couper cabèche », comme disait son grand-père quand la grand-mère prenait son plaisir à torturer des sentiments. Oui, pour « couper cabèche » à la dispute, il faut la sabrer d'un grand coup de lâcheté, baisser la tête et accepter d'être coupé en petits morceaux par des mots ébréchés qui tranchent dans le vif d'un sujet qui n'est jamais le bon. D'accord. Ce matin, il n'aurait pas dû accepter le combat. Mais l'amour-propre avait pris le pas sur la prudence. Il s'était laissé entraîner vers l'irréparable avec une sorte de persistance suspecte.

Et que fait-il donc tout seul dans ce taxi ! Ne

devrait-il pas revenir et demander pardon, plutôt que de continuer jusqu'à la gare pour justifier son coup de tête! Non. Il ne se voit pas rentrer à la maison et dire : « Excuse-moi, j'ai agi comme un imbécile. » Bon. Peut-être lui téléphonera-t-il de la gare, ne serait-ce que pour lui confirmer son départ. Non ! Absurde ! Il se ferait avoir une fois de plus. Mieux vaut tenir bon dans la mauvaise foi, plutôt que d'être confondu par des formules sentimentales dont il n'aurait pas la réplique. Pas facile de faire un choix lorsque l'on est soi-même une sorte d'interrogation permanente. Prendre une décision en pesant le pour et le contre n'est pas son fort actuellement, et c'est pourquoi il préfère accommoder les faux-semblants à son caractère passionnel. Oui, sa femme mérite une leçon. Il partira donc tout seul pour Moscou. Il l'appellera de là-bas et la fera venir par avion. Ensuite ils prendront ensemble, comme convenu, le transsibérien. Cette pensée le séduit. Mettre quarante-trois heures et la place Rouge entre eux, voilà la punition à laquelle Louise ne s'attend pas.

Louise attend, allongée sur le lit, au milieu des valises qui font de la chambre un hall de gare. Louise a posé sa main sur le téléphone. La main est prête à décrocher. Elle sait qu'il appellera. Elle connaît ses faiblesses : vertige de l'inconnu, angoisse des foules et des déserts, ce même déséquilibre devant le plus ou le moins, le plein ou le vide. Elle l'a vu vaciller dans une cathédrale sans fidèles et s'agripper à ses jupes dans les rues de New York : l'espace l'intimide, la solitude l'effraie. Elle sait qu'il va se retrouver sur le quai de la gare comme une taupe éberluée qui fait surface. Ne l'a-t-elle pas déjà vu perdre pied dans une piscine et crier au secours ! Bien sûr qu'il appellera ! Sans elle, il est foutu.

Ils sont mariés depuis sept ans. Le cap fatidique. Mais, à vrai dire, ça ne va pas plus mal sept ans plus tard que sept ans plus tôt. Ça n'a jamais été bien, ou plutôt si. Ça a toujours été bien, juste bien et rien que bien. Elle n'a jamais ressenti cette douleur dans la poitrine lorsque David, absent, tarde à rentrer. Elle n'a jamais écouté, le cœur battant, le petit déclic de la porte cochère qui s'ouvre, le grand « clac » qu'elle fait quand elle se referme. Jamais eu, non plus, l'estomac martelé par les talons de l'être aimé qui s'avance sur les pavés de la cour et que l'écho répercute jusqu'au sixième. Elle n'a jamais tressailli au ronronnement de l'ascenseur, jamais eu le cœur coincé dans la porte grillagée qui se tire en deux temps. Jamais été au-devant de lui, jamais attendu, mortifiée derrière la portière de velours, qu'il apparaisse enfin. Jamais ouvert les bras pour qu'on vienne s'y réfugier, jamais ouvert les yeux pour y laisser voir autre chose qu'un petit bonheur de tous les jours.

Louise s'est relevée. Le salaud n'appellera pas. Elle va et vient dans sa chambre, salle des illusions perdues et des sentiments mesurés.

Sur la cheminée de marbre gris, le passeport et le billet de train.

Coincés dans le cadre doré de la glace où elle s'observe, des photos, des invitations, un pense-bête. On les voit, elle en blanc, lui en sombre, posant en amoureux au sortir de la mairie.

Il y a aussi Véronique, leur enfant, leur grand

amour. Véronique, le lien, l'alliance qui les unit et pour laquelle ils se supportent.

Hier matin, on a conduit Véronique à Neuilly, chez la mère de Louise. Elle devrait y rester trois semaines. Trois semaines, c'est le temps qu'ils se sont donné, l'un et l'autre, pour s'enfuir du quotidien, et retrouver un deuxième souffle au cours du voyage.

Louise est devant la glace. Elle s'examine avec complaisance, se creusant les joues et avalant ses lèvres. Elle est vêtue d'un tailleur ivoire et d'un foulard de soie bleu marine à pois blancs noué autour du cou et qui retombe comme deux ailes sur les épaules. Les cheveux sont noirs, la peau mate, les yeux et la bouche à peine maquillés. Elle s'examine. Elle joue à se creuser les joues. Elle se mordille les lèvres. Elle se les avale, se les redonne, se les reprend. C'est beau, humide, tentant.

Louise est belle, mais Louise est fermée. Devant et dans la glace, elle joue à s'épanouir. Elle se plaît, mais plaît-elle vraiment ? Difficile de savoir. Les amis de son mari sont réservés. On la dit délicate, adorable, parfaite maîtresse de maison. Triste, très triste d'être maîtresse d'une maison. Maîtresse d'un amant ? Elle a failli le devenir l'année dernière à Porquerolles. Le type avait un bateau, un soir il l'a invitée à venir à bord. David était retourné à Paris et elle avait fait garder Véronique par la patronne de l'hôtel.

Grand bateau, grand jeu. Dom Pérignon, caviar, brise marine et vaguelettes battant la coque comme un désir à fleur de peau. Le type était beau, super-bronzé, avec une chaîne d'or autour du cou et sa croix orthodoxe sertie de pierres qui reposait, précieuse, sur la poitrine velue. Il était beau et taciturne, il parlait avec ses yeux, mangeait peu et buvait beaucoup.

Le repas terminé, ils s'étaient appuyés au bastingage. Coude à coude, ils avaient regardé la nuit en regardant en eux. Elle se sentait prête. Le grand large, l'occasion luxueuse. Les coudes s'étaient rapprochés, les bras, les mains, et puis les lèvres.

Longs baisers de caviar iodé, ventres soudés et souffles courts. Sans un mot, il avait pris la main de Louise, une main nerveuse et des doigts fins partagés entre la fringale et la retenue. Elle avait résisté, un bref combat au-dessus de la ceinture, une lutte pour la forme. Prisonnière, la main de Louise avait pris, malgré elle, la mesure de l'homme : le salaud s'était débraguetté, ça n'était pas ce qu'elle voulait. C'était trop brutal, trop vulgaire. Le cadre valait mieux que le geste. Elle s'était enfuie et le type, par-dessus bord, l'avait traitée de chienne.

Déçue et honteuse elle avait couru jusqu'à l'hôtel, pris un bain et un cachet pour dormir.

Louise quitte la glace et cherche sa montre. Il est dix-huit heures. Elle sait maintenant qu'il ne reviendra pas et s'en étonne. Aurait-il vraiment le culot de partir sans elle ?

Le chef de wagon est soviétique. C'est un gros bonhomme cicatrisé de partout. David pense : « Sans doute un héros... Smolensk ou Stalingrad ? Armée de Joukov ou de Koniev ? »

L'homme ne parle pas français. Il consulte sa liste et agite le billet du voyageur. Deux réservations, un seul billet ! Qu'est-ce que ça veut dire ? Pourquoi ? David essaie de s'expliquer. Petit nègre, mots qui veulent à la fois tout dire et rien dire. Sourires intelligents, sourires bêtes, énervement, impuissance. Rien n'est plus difficile à comprendre que le petit nègre. Sur le quai, les Soviétiques vont et viennent, chuchotant, complotant. On est gare du Nord mais, ici, ils sont chez eux, entre eux. Le wagon leur appartient et ils chargent pêle-mêle tout ce qui fait partie de la vie, l'utile et le superflu. Des bicyclettes et des fleurs, du mobilier et des victuailles, des vêtements et des jouets, des motos et un kayak, une échelle et des tableaux : à croire qu'on ne trouve rien là-bas ou que l'ambassade tout entière déménage.

David s'impatiente. Il voudrait monter, reconnaître sa place, se faire une idée de ce qui l'attend mais le chef de wagon regarde le billet d'un air buté.

« Niet ! Niet ! Nielzia, défendu.

– Quoi ! qu'est-ce que vous dites ? J'ai payé pour deux et je suis seul. Ça arrive.

– Niet ! Niet !

– Mais enfin, monsieur, il est préférable d'avoir payé pour deux et d'être seul que d'avoir payé pour un et d'être deux ! »

Peine perdue, paroles pour rien. L'autre applique le règlement. L'Intourist a réservé pour un couple : alors, quand la femme sera là, on verra !

David s'obstine :

« Merde, à la fin ! Je vais vous le dire pourquoi je suis seul. Je me suis disputé avec ma bonne femme. Ça vous arrive aussi, non ! Elle a refusé de partir. C'est pas une raison pour me pénaliser. »

Le contrôleur le regarde sans complaisance, il ne comprend pas ses explications. D'un geste de la main il lui fait signe de s'écarter. David s'écarte, tout le monde s'écarte...

Quatre hommes en noir, longs manteaux et chapeaux rabattus, s'avancent lentement dans le silence qui s'est fait. Calé sur leurs épaules carrées, un long et lourd cercueil ouvragé. Pas de famille éplorée. Rien d'autre qu'un cercueil que l'on charge à la hâte comme si le mort était lui aussi pressé de monter. Le chef du wagon, après avoir donné quelques ordres aux étranges croque-morts, s'est découvert. Est-ce en signe de respect ou pour se gratter la tête ? Peut-être les deux. David a pris un visage de circonstance. Est-ce par respect ou pour se faire bien voir du contrôleur ? Peut-être les deux.

Une jeune fille blonde, debout dans son compartiment, l'observe d'un air amusé. Leurs regards se croisent, leurs sourires aussi. David s'approche de la vitre et demande :

« Vous êtes française ? »

Elle fait signe que oui.

« Vous parlez russe ? »

De la main, elle fait ni oui ni non, mais plutôt oui.

Peut-elle descendre l'aider ?

Elle obéit. Il la voit avancer péniblement dans le couloir encombré. Il la devine demander pardon à des dos et creuser son ventre pour éviter qu'il ne soit frôlé au passage.

Jolie, très jolie. Que fait-elle dans ce train ? Pourquoi pas l'avion ? Mariée, divorcée, amoureuse, étudiante, fille de diplomate ou de syndicaliste ? Communiste, peut-être ?

Elle est maintenant devant lui, timide, charmante, étonnée.

Il dit :

« Pouvez-vous essayer de lui expliquer que je devais faire ce voyage avec ma femme mais que nous nous sommes disputés juste avant de quitter la maison. »

Il s'attendait à la voir sourire. Elle reste sérieuse. Elle dit :

« Inutile de raconter la vérité. Je vais dire que votre femme est malade.

– Vous croyez ?

– Oh ! oui. La maladie, avec les Russes, ça marche toujours. »

Sans lui laisser le choix du mensonge, naturelle et souple, elle va vers le chef du wagon. David la suit, un peu gêné, il n'a pas l'habitude qu'on le prenne si spontanément en main. Il est gêné mais il est aussi soudain très intéressé par cette passagère providentielle. Tellement même qu'il en oublie la raison de son intervention. Le billet est déjà loin et Louise encore bien plus loin : « Mais qui est-elle ? où va-t-elle ? aurai-je une chance ? Pourquoi pas ! on peut toujours essayer. » Peut-être l'invitera-t-il ce soir même au wagon-restaurant. Non ! ne pas brusquer les choses. Un déjeuner serait plus convenable.

Il est dix-huit heures quarante. Le train part à dix-neuf heures et la conversation entre le contrôleur et la jeune femme blonde n'en finit pas. Elle s'exprime lentement en cherchant ses mots mais l'homme aux cicatrices la comprend. David sait bien qu'il y a un problème. Il voudrait demander : « Qu'est-ce qu'il dit ? » Mais il n'ose, craignant d'être ridicule.

C'est elle qui se tourne vers lui. Beau visage de petite fille surpris en pleine malice.

« Savez-vous pourquoi il ne voulait pas vous laisser monter ? »

L'évidence même. Il répond :

« Parce que j'étais sans ma femme. »

Elle dit très vite :

« Ça, c'était le prétexte. En réalité, si j'ai bien compris, il y a surtout un problème de place. Je crois que le cercueil n'était pas prévu.

– Vous voulez dire qu'ils ont installé le mort dans mon compartiment ?

– Exactement ! »

Il s'écrie en s'avançant vers le contrôleur :

« Eh bien, bravo ! Et qu'est-ce que je fais, moi, maintenant ? »

Elle le calme d'un sourire :

« Ça ne sert à rien de le contrarier. Il vous propose l'autre couchette. »

Il hésite à comprendre.

« Vous voulez dire que... »

Elle l'interrompt assez sèchement :

« Moi, je ne veux rien dire. C'est lui qui vous fait cette suggestion. »

David ne sait ni quoi dire ni quoi faire. Ah ! Si Louise avait été là, il aurait pu se retourner contre elle ! Il aurait gueulé, gémi, repris ses valises, foutu le camp et boudé au moins pendant une semaine.

Il doit valoir mille à regarder. Il se sent con.

« Alors ? dit le contrôleur.

– Alors ? dit la jeune femme.

– Alors, d'accord.

– Kharocho, dit la femme.

– Kharocho, dit l'homme.

– « Kharocho ! Kharocho ! » Il en a de bonnes. Peut-on savoir, au moins, qui est le mort ? Soyez gentille. Demandez-le-lui. »

Elle est gentille, elle demande. Le chef refuse de répondre. Elle insiste. Il jette un mot, quelque chose d'assez brutal et les pousse tous les deux vers le wagon.

« Qu'est-ce qu'il a dit ? »

Elle se met à rire.

« Dites-le-moi. Qu'est-ce qu'il a dit ? »

Elle est déjà sur le marchepied, prête à monter.

« Je crois qu'il a dit merde ! »

Il n'aime pas qu'une femme prononce ce mot, même lorsqu'elle ne fait que le répéter.

Il la voit se faufiler dans le couloir. Il crie :

« Merci pour tout ! »

Elle est vêtue d'un jean aux jambes serrées et d'une veste molletonnée façon chinoise. Il adore les filles en jean. Louise n'en porte pas.

Il avance sur la jambe gauche, sa valise contre son genou droit. Le couloir est bourré de paquets mal ficelés, de caisses au contenu redoutable marquées « fragile », de cantines bosselées si pleines que les serrures en sont disjointes. Même chose dans les compartiments. Un maxi-embrouillamini de valises, de sacs, de cartons, de cabas, de mallettes. C'est la retraite de France, la ruée vers l'Est. A l'aise dans cet encombrement, les femmes se préparent déjà pour la nuit, tandis que les hommes quittent leur habit de fonctionnaire pour passer leur survêtement bleu de sportif. Ça sent l'eau de Cologne et l'exode, le poisson fumé et la guerre. Louise n'aurait pas supporté. Il l'entend comme si elle y était : « L'Amazone, oui; la zone, non ! »

C'est vrai, elle emploie des raccourcis saisissants de méchanceté. La formule choc est sa spécialité. Il lui reconnaît un certain talent dans la culture du jeu de mots. Elle a le temps, elle n'a même que cela à faire.

Ah! voici la jeune femme blonde et bleue devant son single.

Sourire. Détente. Vrai bonheur de David.

« Vous allez à Moscou?

– Oui, et vous? »

Il se rengorge. Il va l'épater. Il dit :

« Moscou d'abord, puis transsibérien jusqu'à Nakhodka et puis bateau pour Tokyo. »

Il a parlé petit nègre sans l'épater pour autant. Elle dit :

« Eh bien, on n'a pas fini de se revoir!

– Quoi, vous allez aussi à Tokyo?

– Oui, moi aussi. »

C'est tout pour le premier contact. Des coups de sifflet, des cris attirent leurs regards ailleurs.

Abrasos, accolades. Baisers sur la bouche. Baisers secs et violents, à la russe. Les amis quittent le wagon lançant pour la dernière fois peut-être un prénom. Crispations des visages, larmes d'adieu. Caisses renversées, mouchoirs agités. Tous sont à la vitre. Il fait moins deux degrés. Le courant d'air est glacial, un avant-goût de Sibérie. Le train démarre.

David accède enfin à son compartiment. Le mort est là. Cercueil superbe, poignées dorées. Il balance sa valise à l'étage et se rue, lui aussi, à la portière. Geste un peu trop brusque, le verre à thé posé sur la tablette tombe et se casse. La tête penchée en dehors, malgré le vent glacial et l'inscription qui le lui interdit, il agite la main, une manière de dire adieu à Paris. Un au revoir à Louise.

Cheveux au vent, la fille blonde fait de même. Ils s'aperçoivent. Petits signes, grands sourires. Se disent-ils adieu ou bonjour, à jamais ou à tout de suite ? Il n'a pas froid, il n'a plus peur, pas de vertige ni d'angoisse. Il imagine Louise assise à la place du mort et lui-même en face d'elle, ne sachant que se dire. Quel triste départ cela ferait !

Un dernier signe. Elle referme sa vitre. Il a décidé de rester le plus longtemps possible penché à la portière. Il aime s'attacher comme ça à des choses idiotes. C'est sa façon à lui de jouer avec la liberté. Pas si facile que ça, d'ailleurs. Le froid lui mord les joues, une escarbille s'est fichée sous la paupière, sans compter qu'un train survenant en sens contraire pourrait lui arracher la tête. Non, ça serait trop bête. Il se recule, remonte la vitre et revient au calme.

Il ramasse les morceaux du verre. Verre blanc, on dit que ça porte bonheur, verre blanc et bois de cercueil. C'est peut-être cela la chance. Au fait, pourquoi ne le toucherait-il pas ?

Du bout des doigts, il tapote trois fois dessus. Pas de réponse. Le mort ne l'invite pas à entrer, et c'est mieux ainsi, car il y a longtemps qu'il ne s'est pas senti aussi bien.

Ils avaient décidé de « faire » le transsibérien parce que, il y a sept ans, ils avaient « fait » l'Amazone en voyage de noces. De cette remontée de l'Amazone qui les avait pris dans ses bras, méandres tentaculaires, ils n'en étaient, au fond, pas encore revenus. Tout leur bon temps, leurs meilleurs souvenirs, leurs seuls vrais éclats sexuels s'y trouvaient encore engloutis quelque part entre Belém et Manaus. Grand bateau blanc labourant le fleuve épais de son hélice. Saison de paradis, oiseaux bariolés, lamantins écorchés. Grand bateau blanc avec ses voiles de hamacs multicolores où pourrissaient au jour le jour des Indiens endormis, crevant de rêves et de faim. Escales fiévreuses, sambas des débardeurs, bananes blettes et fruits de la passion réduits en jus. Ombre torride, soleil noyé, églises de salpêtre et curés poitrinaires en soutane de misère. Gosses en squelettes, mandataires en Dodge, dignitaires en Cadillac, piroguiers manchots et moustiques préhistoriques.

Escales de cauchemar. Ils refusaient de descendre ne voulant pas s'émerveiller de la misère des tropiques. Ils glissaient l'un dans l'autre sur un fleuve grand comme la mer et qui trouait la forêt vierge. Une cabine où l'on suffoquait en se défrichant et des couchettes où l'on s'évanouissait, pas toujours d'épuisement mais aussi parfois à cause de la nourriture qu'on leur servait. Des asticots partout et dans tout.

Oui, ils avaient fait un fabuleux voyage de noces au cœur de la luxuriante pourriture.

Louise avait sept ans de moins, c'était une petite étudiante en jean qui se chaussait de socquettes et de baskets blanches. Ils s'étaient connus sur la Côte, dans une boîte. Les vacances, le tube de l'été, une virée en décapotable, un déjeuner chez ses parents à lui et une baignade dans sa piscine à elle.

Un mois plus tard, l'accident, puis le mariage, le voyage.

Retour. Beaux-parents et grossesse pénible. Ecœurements, nausées, études lâchées. La montée à Paris, le studio d'un grand-oncle à Neuilly et une situation chez Hertz pour David. Responsable de l'équipement. Contacts avec les agences de province, contrôle des véhicules et achat des voitures. Ristournes d'usine, réparations et casses. Bref, un homme à tout faire, un œil à tout voir et un salaire, bien sûr, qui n'est pas en rapport.

Déprime de David, accouchement de Louise, apparition de Véronique. Ils étaient deux, ils sont trois. Le couple est comme gommé. L'enfant s'impose, s'insinue, il est partout. Ingérence étrangère et modification des rapports. On ne se met plus au lit, mais au berceau, on ne se donne plus, on donne le biberon. Oui, Louise avec son landau, David avec ses bagnoles, le lait Guigoz, la carte accréditive, les tétines Nestlé, leurs trous trop grands et le studio trop petit. Véronique sans appétit. Affolement, pédiatre, belle-mère, tout le monde en même temps sur le dos. Un deux-pièces étiré au maximum, des armoires de rangement super-bourrées, un mobilier fonctionnel, le placard à balais dans les W.-C., le coin cuisine. Le coin salle à manger, le coin bureau, le coin télé, le coin douche, le coin bébé. Rien que des coins et une Louise coincée, prise entre des angles qu'elle ne parvient pas à arrondir. Oh! comme elle est loin l'étudiante en jean et en baskets qui voulait faire une carrière de rédactrice dans un magazine féminin! L'étudiante en lettres est devenue la nurse de sa fille et l'employée de maison du mari, nurse et bonne sans salaire et sans congé. Son salaire : un vêtement de temps à autre. Son congé : un ciné par-ci, par-là. Son cadeau : un plaisir qu'elle fait semblant de lui donner. Gémissements, ondulations du corps, soupir final, tout ça est faux, rien que des gestes calqués sur l'autre, un amour de papier carbone.

Pour accéder à sa valise, David a pris appui sur la couchette du mort et le cercueil a bien failli dégringoler. Il suppose que le cercueil est tombé, que le couvercle s'est ouvert. Il en frémit. Quelle tête a le mort ? A-t-il seulement une tête ?

Dans un instant, il va se rendre au wagon-restaurant. Au passage, il invitera la fille blonde. Caviar, vodka, anguilles fumées, esturgeons du lac Baïkal. Pour huit roubles, il va lui payer un festin de roi. Pour huit roubles, il la soûle, il l'embrasse, il l'enlace. Non. Il n'ose imaginer plus avant...

D'ailleurs en est-il encore capable ? Louise n'a-t-elle pas prétendu le contraire ? Dur à digérer, très dur. Cela s'est passé le mois dernier. Ils revenaient du cinéma. Ils avaient fait garder Véronique par une baby-sitter autrichienne, à laquelle on aurait donné le Bon Dieu sans confession. Trop pure pour être vraie, trop douce pour ne pas couver en elle un tempérament de feu.

L'Autrichienne partie, David avait dit :

« J'adore ce genre de fille. Rien de mieux pour un petit coup vite fait, bien fait. »

La réplique de Louise fut cinglante.

« Tu veux dire vite fait, mal fait. »

Il s'était étonné, puis rebiffé.

« Mal ? Pourquoi mal ? »

Elle ne répondait pas, le regardant de haut en ôtant son soutien-gorge.

« Je t'ai posé une question, aie au moins l'amabilité d'y répondre.

– L'amabilité, sûrement pas ! »

Seins nus, dessous de bras rasés, elle enfile un tee-shirt, disparaît un instant sous le coton, émerge et lance :

« Eh bien, puisque tu veux le savoir, je te le dis vite fait, bien fait : tu ne m'as jamais fait jouir. »

Pour une révélation, elle est de taille ! Trop gros pour être vrai, il le prend à la rigolade :

« Tu déconnes, tu blagues ? »

Il s'approche et la prend par le menton.

« Regarde-moi. »

Elle le regarde.

« Jure-le. »

Elle jura.

Ils avaient passé la nuit à en parler. Amour-propre sali, vanité désossée, blessure immortelle. Ils avaient passé en revue, leurs caresses alignées comme à la parade, les semblants et les faux-semblants. Tel soir où il l'avait prise trois fois de suite, même qu'elle en avait redemandé. Elle reconnaissait. Oui, c'était un « encore » de complaisance.

La garce ! Pourquoi ne pas l'avoir dit plus tôt ? La tricheuse ! Comment a-t-elle pu brader ainsi son plaisir à lui ?

Il aurait donc fait l'amour pour rien, il se serait donc donné au vide ?...

Il a mal, il souffre. Vite un cachet, un verre d'eau. Il se sent comme châtré. Il est désespéré et se raccroche au lointain :

« Et l'Amazone ? »

D'accord. L'Amazone, elle reconnaît. Mais c'est loin l'Amazone. Depuis il y a eu Véronique, la déprime, sa solitude, leur désert, le plus grand désert du monde, intraversable, infranchissable. Oui, d'accord pour l'Amazone; il était là, auprès d'elle, vaillant, aimant, disponible. Elle jouissait de sa présence. Il était le mur, elle était le lierre.

Toute la nuit ils avaient parlé. Ils s'étaient battus, débattus, déchirés, pris de front, pris en traître. Il avait attendu qu'elle fût épuisée pour contre-attaquer. A son tour, il accumulait les griefs, les reproches. « Le mur, le lierre », de la mauvaise littérature. Le désert, quel désert ? La vie, voilà tout. C'est la faute à la vie. Il travaille comme une bête pour rapporter l'argent. Le bureau, les patrons, les clients, toutes ces heures gâchées. On ne peut à la fois gagner sa vie et gagner l'amour, ça n'est pas un hasard si les amants sont jeunes, ils sont jeunes donc disponibles. Elle en a eu combien ? Qui ? Des noms.

Il exige, il veut savoir.

Elle l'insulte. Elle se défend. Il a des pensées ordurières, des méthodes de fasciste. Ignoble la manière dont il retourne la situation. Et lui alors ? Lui et ses dîners d'affaires, lui et ses séminaires, lui et ses secrets de polichinelle ! Tiens, pas plus tard qu'hier soir, le téléphone a sonné trois fois. Trois fois elle a été décrocher. Trois fois le blanc. Hein ! Qui était-ce ?...

Le petit matin froid et gris. L'un et l'autre silencieux, épuisés, l'œil rouge, la gorge sèche. Louise attend le geste. Oh ! pas grand-chose, juste une main dans la sienne. David se retourne et s'étire, il tente un rapprochement de la jambe. Rien. La garce ! Ça lui arracherait la gueule de venir contre lui !

Le réveil qui sonne et qu'on laisse sonner. Elle crie :

« Ça sonne !

– Et alors ?

– Tu vas être en retard.

– Je m'en fous ! »

Elle se rapproche. Il s'aplatit sur le ventre. Il ne veut pas montrer qu'il bande. Au fond, tout ce qu'elle lui a dit l'excite. Sa remise en question est comme un renouveau, elle est une autre femme, il est un autre homme. Il dit :

« Et si on partait ? Si on se refaisait l'Amazone ?

– Tu crois ? »

Il est toujours à plat ventre. Le visage enfoui dans l'oreiller, il ajoute :

« Ça te dirait de prendre le transsibérien ? Onze jours de train. Rien que toi et moi en vase clos. Moscou-Vladivostok et puis le bateau et puis Tokyo et puis le retour en avion. »

Elle ne répond pas mais il sait qu'elle consent. Il a envie d'elle, de plus en plus envie mais il sait qu'il ne doit pas. C'est à elle de venir, à elle de faire le premier pas. Il décide de ne plus jamais la toucher. Il attendra. Il dit :

« On pourrait même faire Paris-Moscou par le train, histoire de s'entraîner. Hein ! qu'est-ce que tu en dis ? »

Elle n'en dit rien.

Paris-Moscou par le train. Bravo. Bonne idée. Il y était dans le train et sans elle.

Véronique chez la grand-mère, billets et passeports dans la poche. Valises bouclées, tout s'annonce normalement bien. On se met au lit, on part demain. Cela fait trois semaines qu'il ne l'a pas touchée, trois semaines qu'il attend qu'elle se décide. Il se dit que c'est pour ce soir. Juste un petit galop d'essai avant le départ, quoi !

Blotti dans les draps, il guette, il espère. Désillusion. Elle se tourne de l'autre côté en lui abandonnant juste un pied glacé, un seul petit pied. Avec les siens, il lui crochète l'autre et ramène à présent ses deux pieds froids entre ses mollets à lui. Attente, immobilité, déception. Rien. Il n'y tient plus, se redresse, allume et gueule :

« Y en a marre ! J'ai compté; ça fait vingt-deux jours que je suis à jeun. T'es frigide ou quoi ? »

Elle se redresse à son tour. Elle a l'œil blanc. Il n'aime pas ça. Œil blanc, voix blanche, elle dit :

« Je croyais qu'on s'était expliqué.

– Expliqué quoi ?

– Tout. »

Et c'est reparti ! Autre nuit blanche, autres blessures.

Matin d'hiver, regards froids, gestes désordonnés, paroles définitives :

« Je ne pars plus.

– Comme tu voudras. »

Phrases de gosses.

« Bon débarras !

– Tu me la copieras ! »

Voilà. Il attrape sa valise et il prend la porte. Il se dit qu'elle va l'appeler, lui crier de revenir. Rien. Manque de veine, l'ascenseur est à l'étage. Il attend dix secondes. Personne. Il tire la grille bruyamment et entre. En descendant, il espère encore un appel. Rien. Il est coincé, pris à son propre piège. Il ne lui reste plus qu'à partir, partir, la seule façon de s'en sortir...

Il a fini sa petite toilette d'appoint et il s'est changé devant le mort sans éprouver la moindre angoisse. Très étonnant ! Il a posé trousse, rasoir et chaussures sur le cercueil. Très pratique, même pas l'impression de commettre un sacrilège. Il ne se reconnaît plus, il est bien, il sifflote, il prend son temps, tout son temps.

Le train passe en trombe en gare de Compiègne. Eclats de lumière, croisement d'un autre rapide, vitres qui tremblent.

Il s'apprête à surgir dans le couloir. Ah ! comme il aimerait la surprendre ! Un dernier coup d'œil au nœud de cravate. Stupide sa cravate, ridicule sa chemise, on n'est pas au bureau ici. Congé de rupture, maladie d'amour, ni patron, ni clients. Pas de M. Hertz, pas de M. Dupont, rien que des Ivan et des Olga. Il troque sa chemise contre un polo. Dommage, cet embonpoint. Bon, d'accord, il n'a pas de ventre, pas de fesses, juste un peu d'estomac. Il le rentre et s'examine. Il se trouve assez bien. Trente-trois ans, l'âge du Christ. Œil bleu, nez droit, grand front, bouche sensuelle, menton volontaire, cheveux châtains, raie sur le côté, larges épaules, taille au-dessus de la moyenne, allure sportive, air intelligent, regard malicieux.

Oui, côté apparence, il se plaît. Reste la face cachée. Là, il n'est pas dupe. Il sait que ça ne va pas toujours bien. Manque affectif, besoin de tendresse, besoin d'en donner autant que d'en recevoir, brûlures d'estomac, émotivité extrême, transpiration des mains et des pieds, sudation du front, cauchemars fréquents, peur du vide, vertige devant l'inconnu, besoin d'être aimé, besoin d'être rassuré. Il sait, il se connaît, il se suit de très près. Oui, ses troubles ont commencé avec la grossesse de Louise. Oh ! pas tout de suite, vers le troisième mois, une terrible intolérance face aux responsabilités. Le petit être qui allait naître lui faisait perdre pied. L'élever, le nourrir. Goût à rien. Panique de mourir avant qu'il ne vienne au monde. Faire naître un orphelin, affreux ! Nourrir, mourir. Deux mots qui revenaient sans cesse jusqu'à se confondre. Des mois de torture, une folle envie d'aller au-devant de ses fantasmes et d'en finir une bonne fois pour toutes. Se supprimer, se jeter d'en haut et de toute sa peur, par la fenêtre.

Il avait tenu bon et personne n'en avait rien su. Miracle ! Le jour de l'accouchement, il s'était senti du même coup libéré. Il était là, dans la salle, en blouse blanche, debout et en sueur derrière Louise, allongée, qui poussait, et le médecin, penché, concentré, avait souri en plongeant ses mains dans les cuisses grandes ouvertes. Alors, l'enfant était apparu, l'enfant avait hurlé à la vie. Cri de joie ou de terreur, mise au monde ou mise à mort ? Le cri du bébé avait déchiré le cœur du père. Les larmes s'étaient mises à couler à flots et il s'était senti plus léger, comme délesté de son oppression. Ne pas croire que les troubles ressentis par David étaient tombés avec le placenta dans lequel fouillait fébrilement l'accoucheur pour y trouver Dieu sait quel germe. Non. Disons que son anxiété s'était normalisée, qu'elle était devenue supportable. L'enfant était là et David répondait présent.

Avec les années, l'angoisse s'était modifiée. Elle avait certes ses temps de vacances et ses heures de pointe mais dans l'ensemble il en pressentait les symptômes et savait y faire face.

Pour l'heure, David se sent étrangement bien. Un dernier coup d'œil sur le cercueil, une pensée pour cet inconnu tombé au champ d'honneur de la diplomatie et puis la porte qui coulisse et le couloir qui donne sur l'aventure. Une odeur de poisson fumé l'agresse. Assis sur une caisse, trois Soviétiques en survêtement mangent des harengs à la sauvette. Pas de quoi se payer le restaurant, bien sûr. Un sentiment de supériorité l'anime. Droit, bien moulé dans son polo, il entreprend la traversée du couloir. Même chose à l'intérieur des compartiments : par manque d'argent, on mange sur le pouce.

Narines agressées, appétit aiguisé, cœur soulevé par une émotion toute neuve, il s'arrête devant le sleeping de la jeune fille. Porte fermée, rideau tiré. Il est surpris, déçu. Dort-elle déjà ? Bizarre ! Il se dit qu'elle est allée dîner. Il hésite, n'osant frapper.

Allez, mon vieux, un peu de tenue ! Paris-Moscou, quarante-trois heures et quinze minutes. Ils sont les deux seuls Français dans ce wagon russe accroché à un express international. Ridicule de l'attaquer dès le départ.

David aperçoit le contrôleur, au bout du wagon, qui s'affaire devant le samovar. Il a une faim de loup. Saura-t-il au moins demander où se trouve le wagon-restaurant ? Pas facile d'aller jusque là-bas avec tous ces saucissonneurs qui encombrent le couloir. Il se faufile parmi eux en rentrant son ventre et s'excusant. Pénible, la marche. Très pénible, une sorte d'ascension à l'horizontale.

Le chef met du charbon dans la chaudière. Poussière noire, escarbilles, foyer incandescent. David attend que l'homme ait terminé. Il sera poli, déférent. Le chef, en effet, détient son billet et son passeport.

Détention ou confiscation ? Pas le moment de faire une bourde. La gentillesse est de rigueur en terre étrangère. Le chef se retourne, le dévisage et demande :

« Tchaï (thé) ? »

Il a dit « Tchaï ». Il répond : « Tchao ! »

Il se rend compte de sa bévue. Il accepte le verre de thé et boit. Drôle d'apéritif : il aurait préféré un scotch. Il repose le verre et demande :

« Restaurant ? »

Pour mieux se faire comprendre il désigne la tête et la queue du train.

L'autre ne saisit pas. Il répète en forçant l'accent sur le « ante ».

« Restaurante, wagon-restaurante ? »

Ah ! Ça y est. Le chef a un éclair d'intelligence.

« Restaurante, niet ! »

Voici donc l'explication des harengs fumés et des cabas remplis de victuailles. Il râle après son agence. Facile d'informer les gens, quand même. Au retour, il se plaindra. Il pense au scandale que lui aurait fait Louise. Quarante-trois heures et quinze minutes sans rien avaler. Bon pour la ligne pas pour l'humeur. Bon. Surtout ne pas s'énerver. Il descendra à Liège, il achètera des sandwiches, du chewing-gum, des boissons.

Il réfléchit. Il revient sur ce que lui a dit le chef.

Un train sans wagon-restaurant, ça n'existe pas. On a sûrement voulu le brimer. Quel sale type, ce Russe !

Là-bas, dans les autres wagons, il doit y avoir tout ce qu'il faut. Là-bas, c'est la démocratie. Voyageurs belges, suédois, allemands, rien que des gros mangeurs, que des gros buveurs. Sûr que la fille blonde s'y trouve. Il la devine, guettant son arrivée. Peut-être même lui a-t-elle gardé sa place, une idée merveilleusement rassurante.

D'un pas décidé, il va vers le wagon voisin.

Déception. La porte de séparation est verrouillée. On ne peut ni entrer ni sortir. Il est déçu mais en même temps, il sait : la fille est donc chez elle.

Négligemment, David surveille. Il a l'air de scruter les profondeurs de la nuit mais, en fait, la réflexion de la vitre lui renvoie une partie du couloir. Mentalement, il compte. Obsédant, ridicule. Il passe le cap des douze mille. Douze mille un... Douze mille deux...

Il s'est donné jusqu'à treize mille. Il faut qu'elle sorte avant. Treize mille un, et tout sera foutu. Le fiasco, quoi ! Il ralentit le compte. Il trichote. Douze mille trois... Douze mille trois et demi... Douze mille quatre... Stop ! Gagné !

La porte du compartiment s'entrouvre. Elle apparaît. Elle a ôté sa veste molletonnée et ramené ses cheveux dans son dos. Queue de cheval, jean serré et chemisier blanc à initiales.

Ils se regardent, jouant la surprise. Elle demande :

« Vous savez où se trouve le wagon-restaurant ? »

Une aubaine, cette question. Ça lui permet de faire le type renseigné.

« Niet ! Il n'y a pas de wagon-restaurant.

– Oh ! »

Elle a dit : « oh ! » mais il faut comprendre : « Allons, vous me faites une blague ! »

« Non. Je vous assure. Ici , c'est comme dans certains cafés, il faut apporter son manger.

– Qu'est-ce qu'on va faire ? »

Elle a dit « on ». Fabuleux. Il fait donc déjà partie de sa vie. Il propose :

« A Liège, je descendrai acheter des sandwiches. »

Sourire, petite moue d'impatience, il remarque ses fossettes et s'enhardit :

« Je vous invite à partager ma barre. »

Il se pousse, elle vient s'accouder. Il se dit : « Ça marche. »

« Je ne connais pas votre prénom.

– Laurence.

– Etudiante ?

– Si on veut, oui.

– En quoi ?

– Je préparais l'Ecole du Louvre.

– Et maintenant ?

– Maintenant, je vais me marier. »

Clac ! Le couperet. Si elle se marie, c'est qu'elle est amoureuse et si elle est amoureuse, c'est râpé.

Il s'encourage : « Allons, mon vieux, défends ta chance, accroche-toi, fais-la rire. » Il dit :

« Vous avez fait le Louvre, moi les Beaux-Arts. Oh ! pas longtemps ! Deux ans. Mais, attention, j'ai une toile au Louvre ! »

Elle le regarde, incrédule :

« Vous me faites marcher.

– Non, pas du tout. Je l'ai déposée un jour au vestiaire et je ne suis jamais retourné la chercher. »

Elle ne rit pas. Elle demande :

« C'était quoi comme toile? »

Modeste, il répond :

« Oh! rien. Juste la copie de la Bataille de Paolo Uccello.

– Vous aimez? »

Ce « vous aimez? » elle l'a dit avec effet. Phrase boule de billard qui arrive mine de rien par la bande. Il est convaincu de l'importance de la question. Il la regarde droit dans les yeux et prononce gravement :

« Oui. Je l'aime. »

Ça y est! Elle est touchée. La preuve : elle détourne les yeux. Il admire un instant ses jambes de jean, sa cambrure de nageuse. Instant de silence et de léger ennui. Rupture possible. Il observe la nuit si froide derrière les vitres. Au loin, des lumières, mais tout près heureusement une courbe qui le déséquilibre. Il la bouscule et demande pardon.

Un tunnel, un mur qui semble courir à toute vitesse. Il se dit : « Si elle est encore là au bout du tunnel, ça ira, tout ira très bien. » Il s'arc-boute à la barre et ferme les yeux. Concentration sur le sujet, vide cosmique et fin du tunnel. Il ouvre les yeux. Elle est là, il a gagné. Le train ralentit son allure et entre en gare. D'une voix de steward, il annonce :

« – Jeumont, ville frontière. Bière belge et fri-
« tes à gogo »... Vous m'attendez. J'arrive. »

Intrépide, il se prépare à la quitter. Oh! quelques minutes, pas davantage. Juste le temps d'aérer leurs rapports et de ramener de quoi nourrir leur amour. David est stoppé dans sa marche. Policiers et douaniers franco-belges font irruption en bout de couloir. L'un d'eux, muni d'un haut-parleur, lance un ordre : « Afin de faciliter le contrôle d'identité, les voyageurs sont priés de regagner leur compartiment. »

Brouhaha, inquiétude, retour sur soi-même. Le couloir se vide. On ne badine pas avec son identité.

Laurence et David échangent un « à tout à l'heure » et puis très vite elle demande :

« Vous ne peignez plus ? »

Un peu malin, un peu amer, il répond :

« Non. Je me suis marié. »

Cette fois, elle rit. Elle rit et elle dit :

« D'accord. Je connais la suite. »

La suite ? Que veut-elle dire ?

Elle va au-devant de sa question :

« Le mariage, la lassitude, les disputes et puis un beau jour, on se retrouve tout seul dans un train en partance pour Moscou. »

Encore un regard. Encore un sourire et voici l'isolement.

Il s'assied, à côté du cercueil. Il attend, il regarde, il pense. Attendre, regarder, penser, c'est le propre des vivants. Il attend les flics, il regarde le va-et-vient des chariots sur le quai, il pense à elle. Drôle de fille. Pourquoi se marier si elle connaît la suite ? Pourquoi le train et pas l'avion ? Pas pressée, la petite, de retrouver son gars. Mariage d'amour, tu parles ! Qui est-ce ? Comment est-il ? Un vieux, sans doute. Un vieux beau bien foutu et assez riche. Il veut savoir, il doit savoir. Il a besoin d'être fixé tout de suite, il veut bousculer l'événement, violer la vie privée. De cette fille dépend son calme. Il croit aux grandes rencontres, aux éclairs fulgurants, aux coups de foudre. Il est monté dans ce train en convalescent résigné, deux heures plus tard il se sent fiévreux et brûlant d'impatience. Pourra-t-il seulement lire, se détendre, réfléchir ? Sa lecture : *Belle du Seigneur* d'Albert Cohen. Un livre de mille pages acheté juste avant son mariage. Jamais ouvert. Jamais eu le temps. Un chef-d'œuvre. « Le livre de la vie », affirme Louise. De cette fille dépend sa lecture, de cette fille dépend sa culture, son humeur, son bonheur. Elle est son train, son voyage, sa Sibérie. Il doit savoir, savoir tout et tout de suite. Il se lève. Il y va. Trop tard...

Apparaît un policier accompagné du contrôleur qui détient les passeports. Regard sur la photo. Regard sur David. Le policier prend son temps. Il feuillette le passeport et en fait claquer les pages. Geste de caissier de banque qui vérifie ses billets. Un temps qui paraît une éternité et pourtant David n'a rien à se reprocher.

Ouf ! Le policier rend le passeport au chef du wagon. Mais qu'est-ce qu'il fait ? Pourquoi reste-t-il dans l'encadrement de la porte ? Regard sur le cercueil. Regard sur David.

« C'est à vous ? »

Surprise de David.

« Non.

– Qui est-ce ?

– J'en sais rien. Demandez-le au chef du wagon. »

Regard du policier vers le Soviétique. Explications en russe du contrôleur, exaspération du flic et angoisse de David.

« Eh ! Brunet, venez voir un peu. »

Brunet arrive. C'est un officier des douanes, un colosse avec une verrue sur le nez.

Regard de Brunet sur le cercueil. Regard de Brunet sur David.

« Ouvrez-moi ça ! »

Explications de David. On l'a installé là avec le mort et pourtant il avait loué un double pour sa femme et lui.

« Quelle femme ? Où est-elle ? »

D'autres explications, d'autres policiers et d'autres douaniers. On soupèse le cercueil. On frappe dessus des toc toc pour le sonder. Gueulantes des flics et des douaniers. Recherche d'une logique.

« Qui c'est ce macab ?

– D'où qu'il vient ?

– Qui a ses papiers ?

– Où est son titre de transport ? »

Accents parisiens, corses, bruxellois, russes, mais également accents de vérité. David répète son histoire, il voudrait bien être cru. Il hésite pourtant à faire une fois de plus appel à Laurence. Brunet le fait pour lui. Il gueule :

« Bon Dieu ! Y a-t-il ici un Russe qui parle français ou un Français qui parle russe ? »

Interrogation sévère du douanier Brunet. Pas de Russe qui parle français mais une Française qui parle russe, c'est une blonde en jean et aux yeux bleus. D'une voix douce et chaude elle confirme les dires du voyageur et raconte l'incident du billet, la mauvaise volonté du chef de wagon, son intervention à elle, l'arrivée du cercueil porté sur les épaules de quatre employés d'ambassade. Elle parle sans prêter attention à David mais David prête attention pour deux. Non. Il ne rêve pas, il n'interprète pas, cette fille fait vraiment partie de sa vie. En quelques heures, voici qu'elle le sauve par deux fois. Oui, elle est sa rencontre choc, son éclair fulgurant.

Encore une question du policier.

« Voulez-vous demander au chef du wagon le titre de transport du mort ? »

Elle demande. Le contrôleur embarrassé par la question fait une drôle de tête. Ses yeux cherchent par-dessus l'épaule de Laurence.

Pris au piège du regard, un petit homme s'avance. Pommettes saillantes, lèvres en lame de couteau, il semble vidé de son sang, comme vampirisé. Les curieux s'écartent respectueux et craintifs.

« Je suis diplomate. Le cercueil est à moi. »

Français correct. Passeport diplomatique en règle.

« Je m'en fous, clame Brunet. Ouvrez-moi ça !

– Je suis diplomate, répète le petit homme. Ce cercueil fait partie de la valise. »

Autres papiers, autres vérifications. Aparté de Brunet au policier.

« On se fait avoir à chaque fois. J'en ai ras le bol de leur valise diplomatique. »

Réponse du policier au douanier.

« A votre avis, qu'est-ce que ça cache ?

– K.G.B. et compagnie, mon vieux.

– Alors ?

– Alors, eh bien, on écrase. »

Ils sortent.

Incident clos. Le petit homme au visage pâle remet méticuleusement ses papiers dans une pochette de plastique suspendue à son cou. David, d'une voix de circonstance, demande :

« Quelqu'un de votre famille ? »

Visage pâle, œil glacé et réponse sans appel :

« Vous devriez savoir une chose, cher monsieur. Nous sommes ici en Belgique mais ce wagon fait partie intégrante du territoire soviétique.

– Peut-être, réplique David, mais moi j'ai payé pour voyager avec ma femme et pas avec votre mort. »

Il a appuyé sur le « votre » et il regrette aussitôt d'avoir évoqué Louise devant Laurence.

Le diplomate rétorque :

« Autant que je sache, je ne pense pas que mademoiselle soit votre femme.

– Et moi, je me fous de ce que vous pensez... Je vous prie de sortir d'ici : ma vie privée ne vous regarde pas. »

Banalité et fausse colère. Il a dit ça par bravade pour faire l'intéressant et le protecteur mais déjà il en craint les retombées. Il n'a pas aimé le regard que l'autre lui a jeté en sortant, pas non plus apprécié la réaction de Laurence, laquelle, se voyant associée à sa vie privée, est partie à reculons, comme pour prendre de la distance.

Il l'a rejointe dans le couloir et dit :

« Quelle histoire ! Vous y comprenez quelque chose ?

– Ça me paraît très simple. Le diplomate est un espion et le mort aussi. »

Ebranlement du train, et des esprits. Ils sont tous les deux coude à coude appuyés à la barre. Ils ont déjà des habitudes. Lumière magique des signalisations, complexité des aiguillages, murmure obsédant des boggies. Obsession, idée fixe de David.

« Je voudrais vous demander... »

Il arrête sa phrase. Il voudrait qu'elle prenne le relais. Il attend, va-t-elle le faire ?

« Me demander quoi ? »

Il hésite :

« Eh bien, voilà... »

On dirait un gosse qui commence à raconter une histoire à un autre gosse. Il s'arrête et reprend très vite :

« Je voudrais savoir si vous allez vraiment vous marier et avec qui. »

Comme elle semble vouloir répondre tout de suite, il l'en empêche et poursuit :

« Attention ! De votre réponse dépend ma vie. »

Il se rend compte qu'il a été trop loin et minimise aussitôt :

« Ma vie dans ce train, bien sûr. »

Ni amusement ni trouble. A question précise, réponse imprécise :

« Franchement, je ne sais pas encore. »

Le bonheur dans ses veines, le miel dans sa poitrine. Il se risque :

« Mais vous l'aimez quand même ?

– Je les aime tous les deux. »

Clac ! le coup bas. Le bonheur tourne, le miel s'épaissit.

« Hein ! Vous me faites marcher...

– Mais non, pas du tout, j'hésite entre deux hommes. »

Il se retient pour ne pas dire une connerie genre : « Quand il y en a pour deux, il y en a pour trois », mais il n'en pense pas moins. Il louvoie au large des platitudes :

« Généralement, c'est un troisième qui l'emporte.

– Vous croyez ?

– J'aimerais le croire. »

Il rapproche son coude. Pas de doute, le contact y est bien. Contact discret mais douleur fulgurante. Son bras a dérapé et il s'est fait mal au « petit juif ».

Elle s'écarte de la barre et dit en le regardant frotter son coude :

« Vous êtes un dragueur dc première.

– Moi ! »

Il s'insurge, elle ajoute :

« Je peux vous dire franchement ce que je pense ? »

Il craint ses pensées et sa franchise mais d'un geste l'invite à continuer.

« Je pense que c'est très dangereux de voyager avec quelqu'un de votre espèce. »

Elle poursuit :

« De deux choses l'une... »

Il la coupe :

« Et la troisième, c'est le soleil, comme dirait Prévert.

– Vous permettez que je parle ! »

Il s'excuse et permet. Elle répète :

« De deux choses l'une. Ou bien je trouve que vous êtes collant, ou bien je trouve que vous êtes intéressant. »

Poussé par la vanité, il donne dans le panneau.

« Et vous trouvez quoi ? »

Naturelle, elle réplique :

« Je préfère ne pas me prononcer. Le voyage ne fait que débuter. »

Il le prend mal. Le voilà qui se remet en question. D'accord, il reste onze jours et onze nuits de train. Il n'a pas su doser, il a fait le collant, le timbre-poste, le morpion. Il s'en veut d'avoir foncé aussi vite pour se retrouver aussi seul.

« Je retire tout ce que j'ai dit et tout ce que j'ai fait. Merci de votre franchise. »

Il est vexé, malheureux de lui-même. Oui, il retire ce qu'il a dit et se retire en même temps. Elle le regarde partir. Il espère qu'elle va le retenir, il a envie de se retourner mais ne le fait pas.

CHAPITRE II

JE m'appelle Laurence Verdier et j'ai vingt et un ans... Je m'appelle Laurence Coty et j'ai vingt et un ans... Je m'appelle Laurence Gesell et j'ai vingt et un ans... Je m'appelle Laurence, Laurence, Laurence et j'ai, et j'ai, et j'ai...

Elle cherche à se rappeler le nom qu'elle a lu sur le billet du type d'à côté, et le nom lui revient. Feyder ! David Feyder.

Je m'appelle Laurence Feyder et j'ai vingt et un ans... Je m'appelle Laurence Verdier... Coty... Gesell... Feyder... et j'ai, et j'ai...

Laurence Verdier ne parvient pas à trouver le sommeil. Pour s'aider, elle ne compte pas les moutons mais elle scande mentalement des pensées qu'on pourrait croire anodines mais qui surgissent pourtant du plus profond d'elle-même, cadencées par le rythme obsédant des roues sur le rail. Roues et cerveaux roulent de concert...

Coty, c'est celui qui est à Paris. Gesell, celui qui est au Japon. Jean Coty, trente ans. Profession : informaticien. Grand et brun. Peut-être trop grand, peut-être trop brun. Sport préféré : le cheval. Défaut majeur : les principes. Se connaissent depuis onze mois. Beaucoup flirté, très peu sortis.

Caresses excessives, pénétration douloureuse, plaisir bloqué mais tendresse partagée.

Elle s'appelle Laurence Verdier. Elle est fille de divorcés. Un père quelque part en Afrique. Une mère un peu trop sur son dos.

Gesell, c'est celui qui est tout au bout du train. Celui pour lequel elle voyage et qui l'attend à Tokyo. Maurice Gesell, trente-six ans. Profession : attaché d'ambassade. Taille moyenne. Cheveux tirant sur le roux. Sport préféré : le golf. Défaut majeur : est toujours en retard d'une conversation. Se connaissent depuis trois ans. Beaucoup flirté, beaucoup sortis. Caresses limitées, pénétration acceptable, jouissance, néant. Plaisir possible.

Elle s'appelle Laurence Verdier. Elle est fille de divorcés. Tous deux veulent l'épouser. Jean Coty sans plus attendre, Maurice Gesell, lui, veut en parler. Jean et Maurice se connaissent. Elle voudrait qu'ils se haïssent, qu'ils se battent pour elle. Au lieu de cela, ils s'écrivent, échangent des idées générales et des impressions particulières. Bien sûr on ne parle jamais de Laurence. Accord tacite, éducation de grandes écoles. On ne se bat pas pour une fille mais pour l'Etat. On ne conquiert pas une fille mais un marché.

Elle en a plus qu'assez, Laurence, d'être poussée dans les bras de la diplomatie ou de l'informatique par sa mère qui a des besoins et des prétentions. La mère a un penchant pour Tokyo. C'est la raison de la présence de Laurence dans ce train. Pas assez d'argent pour prendre l'avion, alors on biaise. On se retranche derrière l'aventure et l'on donne Blaise Cendrars en exemple. On avance un dicton : « Les voyages forment la jeunesse », et hop! pour moins de mille francs nous voici aujourd'hui dans le Paris-Moscou et après-demain dans le Moscou-Vladivostok. Oui, moins de mille francs, traversée Nakhodka-Tokyo comprise et sans compter que la petite va en profiter pour perfectionner son russe. Le russe, c'est aussi une idée de la mère. Un jour on sera peut-être envahi, alors mieux vaut prendre les devants et commencer à comprendre l'occupant.

Sa mère... une double parenté : lien du sang et du sexe. Le sait-elle, l'a-t-elle deviné son fameux secret?... et toujours ces pensées de bric et de broc qui frottent contre les rails. Ah! oui comme elle aimerait percuter enfin le wagonnet du marchand de sable et se faire écraser par la nuit...

Je m'appelle Laurence Feyder. Ce matin je me suis engueulée avec mon mari...

Je m'appelle Laurence Feyder... mais non, mais non... je m'appelle Louise Feyder et mon mari est parti. Où est-il mon mari à cette heure?

Je m'appelle David Feyder et je pense à la fille d'à côté. Je m'appelle David Feyder et je sais que la fille d'à côté est une salope...

Je m'appelle Laurence Verdier et je sais que le type d'à côté se trompe... Une salope... Une salope... Une salope...

Elle avait quatorze ans. Vacances au cap d'Antibes. Une villa ravissante. Un Riva, un Carlos. Le Riva c'était le bateau, le Carlos, l'amant de sa mère. Mais le bateau, la villa et la mère appartenaient à Carlos. Elle le détestait. Il avait plein d'argent et plein de poils et aussi plein d'années en plus que sa mère. A l'époque, Laurence n'habitait pas avec sa mère. On l'avait casée en pension au Chambon-sur-Lignon, un très bon collège, un très bon enseignement, un très bon climat. Elle était venue en vacances sur la Côte, deux mois de chaleur étouffante et de pudeur choquée, deux mois de questions en souffrance et de conversations évitées. Vacances de muets, vacances de sourds, vacances d'aveugles. On faisait tout devant la petite, même que la nuit, on ne fermait pas la porte de la chambre. Elle les entendait à l'heure de la sieste, elle les entendait le soir, elle les entendait le matin. A force d'entendre et d'imaginer, Laurence finit par aller voir et elle vit : mère déchaînée, tangage, roulis, corps amarrés, bouées de jouissance, bouches goulues, yeux chavirés, sexes et bouches échoués pêle-mêle sur le sable des îles inconnues. Et toujours ces mêmes râles, ces mêmes cris d'écorchés, ces mots terribles qui mettaient curieusement le plaisir en route.

Elle avait quatorze ans, des troubles pubertaires, des seins de reine-claude et ses premières menstruations.

Elle haïssait l'amant de sa mère et pourtant, lorsqu'elle pensait à un homme, c'est lui qu'elle voyait.

Fin des vacances scolaires. La mère se trouve trop bien sur la Côte pour rentrer. Comme il remonte sur Paris pour quelques jours, on décide qu'il déposera la petite au Chambon. La voici donc, cette petite fille pubère, assise dans la Jaguar aux côtés de l'homme qui fait si bien jouir sa mère. Peu de mots, des regards en coin et sa main, à lui, qui effleure la cuisse chaque fois qu'il change de vitesse.

Sensation de grande chaleur, on roule pourtant décapoté. Vent dans les cheveux, soleil dans les yeux, une saveur de sel sur la peau. Un goût d'iode dans la bouche et de goudron chaud dans l'air. Arrêt pour déjeuner. Elle a honte, elle redoute qu'on le prenne pour son amant. Il s'en rend compte et dit :

« C'est très simple, ma petite Laurence, appelle-moi papa. »

« Papa », c'est un mot qu'elle ne connaissait pas. Bon. Pourquoi pas? Elle trouve ça plutôt marrant. Premier essai devant le maître d'hôtel. Ça marche, Ça paraît même très naturel.

Arrive le dessert, elle a commandé des profiteroles et elle se tache de chocolat. Comme un père, il la gronde. Comme un gentil père, avec sa serviette, il lui essuie le coin des lèvres.

Lèvres soulevées, lèvres abaissées, dessin subtil des commissures. Il dit :

« Tu sais que tu as des petites dents de louve. »

Non. Elle ne le savait pas mais semble heureuse de l'apprendre. Il ajoute :

« C'est fou ce que tu ressembles à ta mère. »

Dit en tant qu'homme, ça la choque. Dit en tant que père, ça la flatte.

Et de nouveau la route. Les vitesses qu'on change, l'émotion qu'on ressent, les poids lourds qu'on double. Un bouchon, une certaine impatience et puis, mine de rien, une caresse dans les cheveux.

Comme elle s'écarte, il dit :

« Une gentille fille ne doit rien refuser à son père. »

Elle se trouve bête et lui sourit. Elle sait qu'elle sourit comme sa mère, qu'elle regarde comme sa mère, qu'elle se comporte comme sa mère. Gestes et attitudes calquées. Elle sait qu'il sait, elle sait qu'il voit.

Bouchon résorbé, route qui défile, Le Chambon qui se rapproche. Et soudain, elle se prend à penser comme sa mère. Elle aimerait continuer le voyage et rester là, près de lui dans sa voiture d'homme riche qui sent bon le cuir. Elle ferme les yeux, se concentre, invoque les dieux, appelle la panne. Il la regarde et dit :

« Tu peux dormir, si tu veux. »

Elle se défend. Non, non... Elle n'a pas du tout sommeil, elle pensait simplement. Elle aurait aimé qu'il lui demande à quoi. Il se contente de dire :

« Dommage!

– Pourquoi dommage?

– Parce que je trouverais ça très bien d'avoir une petite Laurence endormie auprès de moi. »

Encore un sourire. Le même sourire que sa mère.

Ça y est! Les dieux ont répondu présents. On entend un drôle de ronronnement sous le capot. Il ralentit, se gare et examine le moteur. Il fouille, il fourrage, on dirait qu'il fait l'amour à son moteur. Il revient avec un drôle d'air et les mains pleines de graisse. Il s'essuie avec des Kleenex et dit :

« Courroie de ventilateur pétée et radiateur crevé. On va essayer d'aller en douceur jusqu'au Puy. »

Arrêt toutes les dix minutes pour faire le plein d'eau. Décontraction, bonne humeur. Et puis, surtout, cette phrase :

« J'ai dans l'idée que nous allons être obligés de passer la nuit au Puy. »

Le Puy. Une ville de pierres toutes grises avec des églises partout.

La Jaguar en douceur dans les côtes abruptes, la recherche d'un garagiste compétent. Examen et diagnostic : au mieux, la voiture ne sera réparée que le lendemain après-midi.

Bagages à main. Taxi. Hôtel. Le meilleur, bien sûr. Les voici tous les deux dans le hall. Beaucoup de monde, des touristes allemands et belges. Attente devant la réception. Lui et son air d'homme supérieur, elle et son cœur qui bat à tout rompre. On les regarde. C'est sûr, on la prend pour une petite salope, lui pour un vieux cochon. Vite! En finir. L'employé de la réception se libère d'un touriste et demande :

« Vous désirez?

– Vous auriez deux chambres? »

Laurence sursaute. Deux chambres, ça fait louche. Très vite, elle dit :

« Je t'en prie, papa. Une chambre à deux lits nous suffit. »

Regard chaleureux de l'employé, regard suspendu de Carlos et phrase de l'employé :

« A vrai dire, je préfère. Je n'aurais pu vous donner que deux chambres sans salle de bain. »

Visite de la chambre. Correcte mais austère. Deux lits rapprochés qui, en réalité, n'en forment qu'un seul. Une salle de bain archaïque, la baignoire rouillée, le bidet fendu, et deux petites serviettes plutôt grises.

Pourboire au garçon qui a monté les bagages à main.

Gêne de Carlos, gêne de Laurence et phrase de Carlos qui arrange tout :

« Eh bien, fillette, il ne nous reste plus qu'à descendre dîner. »

Ils sont soulagés. L'affrontement est remis à

plus tard. Face à face pénible dans l'ascenseur. Réflexions intérieures et silence de rigueur.

Le restaurant. Une petite table en coin de salle. Fille adorable, père charmant. Elle a droit à ses plats préférés : jambon de montagne, truite au bleu, poulet aux morilles, le tout arrosé de Coca Cola.

Petite fille sobre et distinguée. Père gros buveur, très nouveau riche. Il boit, Carlos, il boit beaucoup, il sait que la nuit sera un long combat, alors il boit pour s'assommer, pour se mettre K.O.

« Papa, je peux avoir des profiteroles ?

– Encore ? »

Un ton d'énervement. Un léger reproche dans les yeux de la petite.

Il pense : « C'est fou ce qu'elle ressemble à sa mère. » Il s'excuse, il est fatigué. Il commande des profiteroles.

On dirait qu'elle fait exprès de s'en mettre partout. Gros yeux du père, sourire entendu de la fille et réaction des voisins belges. La femme sourit à Carlos, un sourire qui veut dire : « Je sais ce que c'est, moi aussi j'ai une fille et Dieu sait qu'elle est gourmande. »

L'addition, leur cœur qui bat.

L'ascenseur, leur cœur qui bat plus vite.

La chambre, le désarroi, l'émotion et la voix forte de Carlos qui entame son combat :

« Bon ! Tu prends ton bain la première, moi je fume une cigarette sur le balcon. »

La phrase de Laurence :

« Mais je suis propre, moi.

– Comment ça, tu es propre ? Tu viens de faire huit heures de voiture. Allez, ne discute pas ! »

Voix autoritaire du père. Elle va vers la salle de bain et s'y enferme.

Il va sur le balcon et grommelle : « Bon Dieu, je suis dans un drôle de merdier... »

Depuis combien de temps est-il là à regarder les lumières du Puy-en-Velay ? Sa cigarette n'est plus qu'un mégot. Derrière son dos, il entend une voix d'enfant :

« Ne te retourne pas, je rentre dans le lit. »

Il ne se retourne pas. Il sait qu'elle est sortie toute nue de la salle de bain.

« Ça y est, tu peux te retourner. »

Il jette son mégot sur la ville et entre dans la chambre.

A son tour d'occuper la salle de bain. Rinçage de dents et ablution du sexe. Déodorant corporel et vaporisation d'une eau de toilette sur la poitrine velue.

Il dort en tee-shirt. Il sait qu'elle le sait. Il entrouvre la porte et crie :

« Tourne-toi, je viens. »

Il arrive. Elle est tournée. Il se glisse dans le lit et éteint la lumière.

« Bonne nuit, Laurence.

– Bonne nuit, Carlos. »

Voix détachées, émotions rentrées mais pulsations anormales.

Les deux lits n'en forment qu'un seul mais chacun des deux dormeurs est prisonnier du sien. On peut étendre ses jambes sans toucher celles de l'autre, respirer fort, se tourner et se retourner sans pour autant gêner directement son voisin. Le lit jumeau, c'est l'autonomie mais pas l'indépendance.

Laurence est toute nue. Un corps de quatorze

ans qui en paraît seize. Cheveux blonds nattés, oreilles roses, adorable petit nez et œil ciel qui scrute l'oreiller voisin. Le souffle fort de Carlos, son haleine d'alcool, son corps de quarante ans qui en paraît cinquante. Une volonté absolue de dormir.

Et soudain sa voix, à elle, qui plonge en lui des banderilles :

« Tu dors ? »

Sa réponse, à lui, tout aussi enfantine :

« Si je te réponds, c'est que je ne dors pas.

– Et pourquoi, tu ne dors pas ?

– Et toi ?

– Non, toi, dis-le d'abord. »

Il élève le ton. Il insiste.

« Dis-le, toi, en premier. »

Ça cogne fort dans sa poitrine et ça coule très vite dans ses veines. Il attend la réponse et elle arrive enfin :

« Je ne peux pas dormir parce que je pense à toi. Et toi ? »

Elle le tient. Il est coincé, le Carlos. Il prend appui sur un coude, l'observe et dit :

« Moi aussi, je pense à toi. »

Elle répond :

« C'est bête. On est là tous les deux ensemble et on pense quand même à l'autre. Comment tu expliques ça, toi ? »

Il ne l'explique pas.

Comme elle insiste, il dit :

« Je ne sais pas. Laisse-moi dormir maintenant. »

Un instant de silence où chacun d'eux se laisse distraire par les lumières de la ville qui filtrent à travers les doubles rideaux, et de nouveau, sa voix, à elle. Un accent contenu, un contenu démentiel :

« Je voudrais que tu me fasses comme à maman ! »

La décharge. Il se redresse :

« Qu'est-ce que tu dis ! Tais-toi ! »

Elle ne se tait pas.

« Pas tout. Juste ce que tu lui fais avant. »

Elle s'assied. Poitrine palpitante, épaules offertes, regard d'outre-vie. Il est là, assis tout près d'elle, le front moite, le torse frisé, l'estomac plissé. Il la sent, il la veut mais en même temps il la rejette. Phrases terribles qu'il se dit pour se faire peur : « Je pourrais la transpercer, la défoncer, c'est une gamine, c'est un crime. »

D'accord, ça n'est pas ce qu'elle demande. Elle veut ma bouche, mes doigts. Pauvre salope de petite gosse. « Pas tout. Juste ce que tu lui fais avant... » Comme si l'après n'existait pas.

Un bond. La voici qui sort de son lit et qui entre dans l'autre.

« Laisse-moi me serrer contre toi... »

La sévérité du père :

« Sors de là immédiatement ou je te balance une gifle. »

La gifle.

Sanglots, chagrin. Petite fille mouillée, trempée, dépossédée. Larmes énormes et chaudes, gémissements de chienne battue.

« Allons, allons, calme-toi maintenant. »

Oh ! comme elle l'attendait, cette phrase, pour gémir davantage et pleurer de plus belle. Soubresauts d'enfant blessée. Elle est roulée en boule. Il devine le dos bronzé, les fesses douces et blanches, l'entrejambe en feu.

Pauvre Carlos que le chagrin de la petite inonde de tendresse et que la tendresse inonde de désir ! Chagrin, tendresse, désir coulent à flots. Le barrage cède et inonde la conscience. Rejet des draps, plus de barrières. Tout dévale. Il est contre elle, il est sur elle. Ils roulent ensemble, éclaboussés de tous les chagrins, de toutes les tendresses, de tous les désirs. Il l'embrasse, la mord, la mange. Il l'avale, la digère, la rumine. Fini les pleurs, la joie est folle et la folie douce. Douce aussi la langue, pique-nique de cannibales, repas des profondeurs. Il revient du sexe et écrase sa bouche contre la sienne. Il murmure :

« Tiens ! Voici ton odeur. »

Elle prend son odeur. Elle n'est pas dégoûtée d'elle. « En amour rien n'est sale », a dit une fois sa mère. Non, rien n'est sale. Il quitte la bouche et revient au sexe. Elle s'écarte et se laisse faire. Source divine des secrétions intimes, source intime des joies divines. Elle est écartelée, offerte au lion et à ses rugissements de roi :

« Viens ! viens. »

Ah ! Il l'appelle mais elle ne vient pas comme sa mère. Non. Ça n'est pas le flot, la noyade, l'inertie, l'assouvissement. Non. Il lui demande de venir, comme si elle pouvait, comme si elle savait y aller. Les mots qu'il prononce la dégoûtent. Elle voudrait qu'il la laisse, elle crie :

« Arrête. Je ne veux pas l'après. Je ne veux pas, non, non... »

Petite gosse qui impose sa loi et ses limites. Petite pute qui dit « non, non ! » pour dire « oui, oui ». Il a perdu la tête mais il a gardé sa force. Il est entier, colossal, splendide dans sa hideur. Il est sur elle, il pèse une tonne. Elle se ferme, se serre, se cadenasse. Le salaud s'arc-boute et lui soulève les reins. Elle se creuse, il la force. Elle se débat, il la bat. Elle le mord, il se rue et s'enfonce.

Une douleur, un déchirement.

Son cri, à elle, sa plainte à lui.

Et toujours ce cri, et encore ce cri qui n'en finit pas de sortir d'elle.

CHAPITRE III

David sursaute. Il a entendu un cri, des gémissements. La plainte vient de loin, du fond de la mémoire sans doute. Laurence! oui, sûrement Laurence. Quelqu'un se serait-il introduit chez elle? Il saute en bas de sa couchette. Faux mouvement, l'échelle qui tombe sur le cercueil, un ramdam du tonnerre. Le mort va-t-il se retourner? Vite, une robe de chambre.

Le couloir. Personne. Même le samovar est éteint. Prudence et rapidité. Coup discret contre la cloison. Une voix cassée. Elle est vivante :

« Qu'est-ce que c'est ? »

Il souffle :

« C'est moi, David.

– Un moment. »

Il attend. Le battant du compartiment voisin qui s'écarte. La tête du diplomate qui apparaît et qui disparaît dans le même mouvement.

Bruit du loquet. La poignée qui bouge. La porte qui s'ouvre. La lumière bleue de la veilleuse.

Il entre. Elle a les cheveux emmêlés, les traits enflés, comme si elle avait dormi ou pleuré longtemps.

Il chuchote :

« Je vous ai entendue crier. J'ai eu peur. »

Elle marque la surprise :

« Merci d'être venu mais ça n'était pas la peine.

– Un cauchemar ?

– Non.

– Alors une douleur ? »

Elle réfléchit. Elle joue avec ses cheveux qu'elle ramène sous le nez comme une moustache.

« Une douleur, oui... Si on veut.

– Je peux faire quelque chose ? »

Elle réfléchit. Elle abandonne ses cheveux et triture ses doigts. Le craquement sec d'une jointure. Elle ne répond pas. Il dit :

« Au risque d'être collant, je réitère ma proposition. Puis-je faire quelque chose ? Voulez-vous un somnifère ou préférez-vous un confesseur ? »

Elle le regarde et lui sourit.

« Je crois que j'ai besoin des deux. »

Il enchaîne sur un ton de bonne humeur :

« Attention, ça n'est pas le même usage. Le confesseur libère, le somnifère enterre. »

Autre craquement de jointure. Elle répond sur le même ton :

« D'accord mais le cachet présente moins de danger.

– Oh ! que non. Ça dépend de la dose.

– Vous êtes un drôle de type. »

Il le prend pour un compliment.

Il est debout devant elle cherchant son équilibre entre les cahotements du wagon. Elle le regarde faire. Il dit :

« Je n'ai pas le pied marin. »

Il n'ose pas lui demander la permission de s'asseoir. Ils s'observent, cherchant à se deviner. Instant de silence, puissance de concentration, et qualité des sentiments.

Elle pense. Elle se dit qu'elle est une passagère, qu'il est un passager, qu'ils sont tous deux de passage dans leur condition. Elle se dit qu'ils sont disponibles, le même train, le même compartiment, la même heure de la nuit, la même recherche. Elle se dit qu'elle devrait profiter de son aide pour expliquer son cri. N'est-il pas le confesseur type ?

Tout lui dire, se décharger en lui.

Il pense. Il se dit que « l'habit ne fait pas le moine », que cette fille a un problème, que le jean n'est pas l'uniforme de la décontraction. Trop simple, beaucoup trop simple de cataloguer, une fois pour toutes, en écrivant « Coca Cola » sur le tee-shirt d'une fille en jean. Il voudrait s'excuser de l'avoir draguée, se faire pardonner sa condition d'homme. Il ne supporte pas l'idée qu'elle ait pu le prendre pour un petit sauteur des wagons-lits. Il est mieux que cela et il crève d'envie de le lui faire savoir. Mais lui dire quoi ? « Je vous ai vue et je vous ai aimée » ou bien : « Entre vous et moi, c'est différent. » Différent de quoi ? D'accord, le cœur y est. Le cœur et l'attention sans parler de ce sentiment profond et houleux qui le soulève et l'entraîne vers elle. Rien de plus banal, après tout, que l'état d'âme d'un amoureux. Pour s'en rendre compte, il n'y a qu'à les voir et les écouter. Que resterait-il d'un amour auquel on interdirait les regards éperdus et les « je t'aime et toi » ? Rien. L'amour se vit spectaculairement de l'intérieur mais ne s'extériorise pas. L'important, ça n'est pas ce qu'on dit, mais ce qu'on ressent en le disant ou en l'entendant.

David en est à chercher ses mots. Il est encore trop lucide pour se contenter du vocabulaire conventionnel.

Plutôt que de la prendre dans ses bras et de lui dire « je vous aime », il suggère :

« Voulez-vous que nous parlions ? »

Parler c'est la meilleure façon de voir venir l'autre, et comme l'autre cherche à s'évader d'elle-même la suggestion est approuvée. Elle dit :

« D'accord. Si je vous racontais juste la fin de mon histoire ?

– Pourquoi juste la fin ?

– Parce que c'est un secret. Personne ne sait.

– Raison de plus pour tout me dire. »

Elle fait semblant de s'indigner :

« Ah ! non, ça serait trop simple. »

Il hoche la tête d'un air intelligent et s'assied. Elle dit :

« Je préfère que vous ne me regardiez pas. »

Elle lui met la main devant les yeux et la retire avant qu'il n'ait pu la lui embrasser.

« S'il vous plaît, tournez-vous. »

Il se tourne et l'écoute.

« Je suis sortie du lit en criant. J'ai couru vers la salle de bain et je m'y suis enfermée. Je faisais comme ma mère. Tout le savon à l'intérieur de ma blessure, ça moussait et ça piquait. Oui, ça piquait très fort mais cette douleur-là me faisait oublier l'autre. Il était assis derrière la porte. Il voulait entrer. Il disait : « Je t'en prie, Laurence, « sois raisonnable, ouvre-moi qu'on se parle. » Je l'avais bien cherché, remarquez. J'avais tout fait pour, mais franchement, je ne voulais pas la suite. »

Elle s'interrompt et lui prend la main.

« Si ça vous ennuie, dites-le. Vous me le dites, hein ?

– Non. Non, je vous assure. Continuez. »

Il a très envie de la regarder mais s'en empêche.

« Quand je suis sortie, il a essayé de me raisonner. Il disait qu'on devait oublier. Faire comme si rien ne s'était passé, ne jamais plus en parler. Surtout, ne rien dire à Jeanne. Jeanne, c'est ma mère. Il s'est mis à genoux devant moi et il m'a supplié de lui pardonner " l'après ". »

Elle reprend sa main pour s'étirer les doigts.

« Bien sûr, l'avant, l'après, vous ne pouvez pas comprendre. »

Il dit :

« Mais si, je comprends. Continuez. »

C'est faux, il ne comprend rien du tout.

« C'est vrai, vous voulez que je continue ? Remarquez, j'en ai plus pour longtemps parce que l'important a eu lieu avant tout ce que je vous raconte. »

Il se risque et la regarde.

« Ah ! bon, l'important, c'était l'avant ! »

Elle l'oblige à tourner le visage. Dommage, ça l'aurait aidé de la voir.

« Mais non. L'important, c'était l'après ; l'avant, ça n'était que des préliminaires. »

Soudain, il comprend et il le lui dit.

« Ah ! ça y est, je vous suis. Vous étiez d'accord pour les préliminaires mais pas pour le reste. »

Son visage s'éclaire.

« C'est ça. Enfin presque. Mais est-ce que je vous ai dit mon âge ? »

Il fait non de la tête. Elle reprend :

« J'avais quatorze ans. Bon, j'en paraissais

peut-être quinze ou seize mais je n'avais que quatorze ans. Dégoûtant, non ! »

Les yeux fixés sur la cloison il fait oui de la tête, il tend son bras et dit :

« Donnez-moi votre main.

– Vous croyez ? »

Elle la lui donne.

« Bon. Je lui ai demandé d'appeler un taxi pour aller jusqu'au Chambon. C'est là que ma mère m'avait mise en pension. »

Coups violents frappés à la porte. Elle s'interrompt et arrache sa main. Il se lève, prêt à la défendre.

De l'autre côté de la cloison, on entend la voix du contrôleur. Débit rapide, accent sauvage.

« Qu'est-ce qu'il dit ? »

Il regrette sa question. Grincement d'un passe dans la serrure. La porte qui s'ouvre, sur le chef du wagon et le diplomate. Palabres, explications. Laurence résiste à l'oppression. David n'a pas besoin de connaître le russe pour comprendre. Consignes et règlement, il n'a pas le droit d'être dans le compartiment de la jeune fille.

« O.K., O.K., je sors. »

Du geste, il calme les discoureurs. Il ne se presse pas. Il pose la main sur l'épaule de Laurence et lui dit :

« Je vous glisse un somnifère sous la porte dès qu'ils seront partis. On reprendra la conversation demain. »

Il sort. Ils sortent. Elle va rester derrière la porte pour guetter l'apparition du petit cachet blanc.

Quelqu'un est entré dans le compartiment de David. On a déplacé ses objets de toilette, fouillé sa valise. A première vue, il ne lui manque rien. On lui veut quoi ? On le prend pour qui ? D'accord, il travaille pour une société américaine mais chez Hertz, il n'est qu'un pion. Sûr qu'il y a des espions chez Hertz mais pas plus que dans les autres groupes internationaux. Il cherche qui, de ses relations, pourrait faire partie de la C.I.A. Il ne trouve pas. Ces choses-là ne se crient pas sur les toits. Bon, d'accord, à dix-huit ans, influencé par une copine, il s'est inscrit aux Jeunesses communistes. A vingt et un ans, influencé par une autre, il faisait savoir aux camarades qu'il mettait les pouces. La première fille s'appelait Mariella, la seconde Arielle. Même nom, même physique mais préoccupations différentes. C'est Arielle, quelques années plus tard, qui lui a présenté Louise. Il aimait baiser avec Arielle. Elle se mettait sur lui et conjuguait pénétrations et frottements. Ils jouissaient toujours ensemble, rapides et harmonieux. Elle était le pilote et lui, la voiture de course. Circuit sans risques car elle était munie d'un stérilet. Il ne se souvient plus très bien comment ni à cause de qui ou de quoi, ils se sont séparés. Qu'il est bête ! Bête et amnésique avec ça. Mais à cause de Louise, bien sûr.

Mais pourquoi donc a-t-on fouillé son compartiment ? Pas la moindre trace de peur en lui. Il est surpris de son calme, étonné de son courage. Courage ou inconscience, calme ou passivité ? Qu'importe, ça n'est pas essentiel. L'essentiel, c'est qu'il est sorti de la routine, du quotidien. L'essentiel, c'est qu'il est en dehors du temps normal. Magie de l'amour, sublimation de l'événement, sortie de soi-même, accès au merveilleux et guérison miraculeuse. La fille d'à côté le téléguide, le revigore. Quelle blague! On ne s'est pas introduit dans son compartiment, on est entré en lui. On lui a volé ses angoisses et confisqué ses doutes. On a tué Louise et kidnappé son enfant. Il se sent libre, léger et libre, fin prêt pour l'ascension. Ce matin, il rampait; ce soir, il grimpe. Ce matin, il partait pour recoller les morceaux d'une vie commune; ce soir, il décolle du présent vers le futur.

Recherche du médicament dans la trousse. Une boîte pas encore entamée. Provisions de néant, de quoi dormir quinze jours auprès de Louise. Poison inutile. Juste un cachet pour Laurence et le reste jeté par la fenêtre aux bons soins du ballast.

Ils s'endorment presque en même temps. Presque ensemble. Elle avec un retour sur son viol, lui avec un retour sur l'Amazone.

Le Chambon, les cours, une baignade dans le Lignon et la réflexion d'une copine : « Tu grossis ou quoi? » C'était vrai. Elle perdait sa taille, gagnait du ventre, éprouvait des nausées. Conciliabules, visite chez les grandes, tractations, pacte du sang et promesses du secret. Absorption de quinine et sauts à la corde. Rien. Obligée d'en venir à la solution finale. Josianne, avec une lampe électrique, Maryse, avec son aiguille à tricoter, et puis du sang, de la fièvre plein le dortoir et la chasse d'eau tirée sur le mauvais souvenir.

David et Louise qui sortent de la cabine. Nuit étouffante et mauvaise odeur des paillasses humides. Promenade sur le pont à la recherche d'un souffle d'air. Ils ont fait l'amour après le dîner. Un repas affreux, un coït laborieux. Tous les deux appuyés au bastingage et penchés vers l'étrave qu'éclaire le pâle reflet d'une lune noyée. Flots fendus et forêt comme suspendue au-dessus du fleuve. Un point rouge qui s'approche. C'est un Indien qui fume dans le creux de sa main. David provoque :

« Si je te laissais seule. T'aimerais pas, dis ? Un Indien, ça ne se rencontre pas tous les jours. Je suis sûr que c'est bien.

– Arrête tes bêtises. »

Il insiste :

« Je te le demande. »

Il se colle à elle et dit :

« On va l'exciter un peu et après je te laisse. »

Elle proteste :

« Non. C'est toi que je veux. »

Il sait qu'elle dit vrai. Il trouve ça vraiment dommage. Il aurait aimé la voir jouir avec un autre, un autre sans importance, un autre qu'on ne revoit plus jamais.

« Alors, imagine que je sois l'Indien.

– Non. C'est dégueulasse, je refuse. »

Il joue le jeu. Il est l'Indien.

« Salope de Blanche pourrie ! »

Un coup de genou dans les reins. Une gifle sur la bouche.

L'Indien qui s'enfuit. Elle qui se met à pleurer. Le fiasco, quoi !

David s'endort sur les pleurs de Louise.
Laurence s'endort grâce au cachet de David.

David regrette d'avoir jeté les somnifères. Réveil à Hanovre. Il est deux heures cinquante-deux. Il a faim. Il ouvre sa vitre et scrute le quai à la recherche d'un marchand ambulant. Rien, le désert.

Il se recouche peu après Hanovre. Etat comateux et recherche d'une position susceptible de prêter le flanc au sommeil. Roulement saccadé, espacements des rails plus marqués, lumière blafarde des gares traversées. Il lutte, il veut dormir. Il tient le coup jusqu'à Marienborn. Il est quatre heures quarante-quatre et il sait qu'il ne dormira plus de la nuit. Mieux vaut s'occuper. Il allume et hésite. Va-t-il ouvrir un recueil de mots croisés troisième force pour Louise ou débuter la lecture de *Belle du Seigneur* ? Il opte pour les mots croisés. Il feuillette le recueil et s'arrête sur la préface de l'ouvrage très étonné d'apprendre que ce casse-tête est reconnu d'utilité publique.

Il pense que les mots croisés ne meublent pas la solitude mais qu'ils vous enfoncent encore plus profondément en elle. Si tous les cruciverbistes se mettaient à sortir de chez eux, il y aurait des croisements à profusion, des chocs culturels sans égal, des aventures sans aucun quadrillage.

Il tourne la page. Bon, allons-y. Il tient son crayon en l'air comme prêt à fondre sur la première définition. Mot de deux lettres « arrose la Sibérie ». Il sourit au hasard objectif et s'apprête à inscrire « OB » quand un brusque cahot fait chuter son crayon. Le crayon est tombé quelque part en dessous de lui. Il descend de sa couchette et cherche à quatre pattes. Le crayon est certainement là quelque part caché derrière le cercueil. Il tâtonne à l'aveuglette. C'est la première fois qu'il se trouve aussi près d'un mort. Le nez sur les joints, il renifle. Il a un odorat tout à fait remarquable, une confiance totale en ses sens olfactifs. C'est un maniaque, un obsédé des senteurs suspectes, mais il a beau renifler, aucune mauvaise odeur ne se dégage du cercueil. Etrange ! Il y regarde de plus près et découvre un interstice. Oh ! pas très large, bien sûr. Rien à voir avec la rainure d'un parquet, juste un mince filet de vide que ses doigts s'empressent de suivre.

Il se met à la recherche de quelque chose de mince et de rigide qui lui permettrait de pousser plus avant l'exploration. Une photo ferait l'affaire. Il ouvre son portefeuille et le fouille : une seule photo déterrée, celle de Louise. A quoi bon sortir à tout bout de champ le portrait de sa femme lorsqu'on vit avec elle ? Une épouse n'est pas une marraine de guerre qu'on se repasse dans les tranchées. Il examine la photo de papier jauni. Autre coiffure, autres idées. Une naïveté perdue. Près de cinq ans d'écart, un grand écart en vérité. Des décennies de mensonges, des années-lumière de refoulement. Et tout ça pour en arriver finalement à casser le rêve d'un homme qui croyait décrocher la lune à chaque fois : « Je n'ai jamais pris mon plaisir avec toi. »

La photo court maintenant librement entre les interstices. Pas plus de mort que de vivant. Mais quoi ? Mais qui ? Il reste agenouillé devant le mystère, tentant de résoudre cette énigme dont la solution ne figure pas en dernière page de son recueil de mots croisés. Il se remémore l'attitude de Brunet. Très fort, le douanier. Il s'en doutait, il savait. Très fort, le petit diplomate. Très fort, le coup de la valise diplomatique. Il se relève. Il transpire comme s'il avait couru mais la sueur est glacée, une sueur sibérienne, le dégel de l'Ob.

Soudain, un faux mouvement. La photographie de Louise qui glisse à l'intérieur du cercueil. La tuile irrattrapable...

Son premier réflexe est de regagner sa couchette. Il éteint et ferme les yeux. Il n'a rien vu, rien su, il est un voyageur comme un autre dans un compartiment comme un autre. Enfin presque! Il doit s'en convaincre. Il se met à penser à un fait divers lu récemment. L'histoire se passe en Italie. Une ouvrière de chez Buitoni ouvre un paquet de spaghetti destiné à l'exportation et y glisse sa photo au dos de laquelle elle griffonne : « Je m'appelle Maria Caporeta. J'ai vingt ans. Je suis belle et je cherche un mari. » Suivait son adresse à Bologne. Quelques mois plus tard, Maria recevait une lettre en provenance des U.S.A. : « Je m'appelle Luigi Giaccometi. J'ai trouvé votre message en ouvrant mes spaghetti. J'ai trente ans, je suis garagiste à Cincinnati et je veux bien vous épouser. Ci-joint, ma photo. »

Le journal disait qu'ils s'étaient mariés et qu'ils allaient avoir beaucoup d'enfants.

Une gare gigantesque. Berlin-Est.

Une heure d'arrêt. Défense de descendre et toujours rien à se mettre sous la dent. Défense de descendre mais pas de monter. Des flics plein le couloir. Contrôle de bagages, contrôle d'identité, contrôle des contrôleurs.

Détaché à Berlin-Ouest en un temps record, le wagon pestiféré vient maintenant s'accrocher à un vrai train soviétique en partance pour Moscou. Défense de descendre mais aussi défense de sortir de son compartiment. David et Laurence tournent la loi. Ils se tiennent dans l'encadrement de leur porte et s'adressent des gestes de sourds-muets. On comprend :

« Le mur, où est le mur ?

– Là-bas, voyons. Non, plus à gauche.

– J'ai les crocs.

– Moi aussi.

– Bien dormi ?

– Pensé à vous.

– Moi aussi. »

Elle a une envie folle de se jeter dans ses bras. Il a une envie folle de la prendre dans les siens. Ils ne se le disent pas mais les regards traduisent correctement les sentiments. Correct aussi le milicien en faction devant chaque compartiment. Correct et viril. Pas question de s'avancer d'un petit poil, il vous repousse aussitôt du plat de la main.

Une heure à penser ce que seraient les bras, le corps de l'autre. Souplesse, déhanchement, flexibilité de Laurence...

Une envie de se blottir contre la poitrine de cet ours brun et de se laisser entraîner tout au fond de sa tanière.

Chaleur, tendresse. Se laisser balancer sur une jambe, l'écouter grogner et répondre à ces grognements par des gémissements. Entrer dans la tanière mais rester debout. Se balancer mais ne pas flancher. S'offrir mais résister. Attendre le plus longtemps possible et si possible attendre toujours comme ça dans ses bras sans rien faire d'autre que se balancer au rythme de ses soupirs d'ours.

Il va attendre que le train reparte, que les miliciens soient descendus. Alors, il ira vers elle. Il la prendra par le cou et approchera doucement ses lèvres. Pas un mot, tout dans le geste. Il se répète la scène au ralenti. Quelque chose cloche. Il a l'estomac retourné, des aigreurs, une mauvaise haleine. Pas possible d'embrasser une fille sans avoir pris son petit déjeuner.

Juste un petit signe qui veut dire « je reviens » et le voici devant son lavabo qui se frotte les dents, qui se gargarise. Haleine fraîche, idées claires.

Ne pas raconter à Laurence qu'il cohabite avec un cercueil sans macchabée. Se taire une fois pour toutes sur cette histoire. Tiens ! voilà le diplomate. Qu'est-ce qu'il veut encore, celui-là ?

Le milicien de faction s'écarte.

Bonjour et bon œil. Un regard sur le cercueil, un regard sur David. L'altercation de la veille semble oubliée.

« J'espère que vous avez bien dormi ? »

Surtout ne pas faire le malin, s'écraser.

« Très bien, merci. »

Se méfier des réponses trop courtes. Ne pas faire le malin, mais ne pas non plus faire l'idiot. Dire au moins son étonnement.

« Pourquoi m'avoir placé dans ce compartiment ?

— A vrai dire, je n'en sais rien moi-même. Il faudrait demander au chef de wagon. C'est lui le responsable. Peut-être n'y a-t-il pas d'autres places ? »

Il marque un temps, esquisse un sourire et le retire aussitôt.

« Evidemment, si vous aviez été avec votre femme, on aurait mis le cercueil ailleurs.

– Et pourquoi pas avec vous ?

– Mais moi, monsieur, je voyage avec la mienne. »

Ne pas trop en dire, ne pas trop en faire. Demander tout de même ce qu'il veut.

« Je peux faire quelque chose pour vous ?

– Non merci. Tout est en ordre. »

Tout est en ordre, il en a de bonnes ! Comme il s'apprête à sortir, David ne peut s'empêcher de poser sa question :

« Je voudrais bien savoir pourquoi on a fouillé dans mes affaires ? »

Il n'a pas dit « qui » mais simplement demandé pourquoi.

L'autre marque la surprise, un certain dédain.

« Il ne s'agit pas d'une fouille, monsieur, mais d'un contrôle. On nous a signalé, en gare de Liège, qu'une bombe avait été déposée dans notre wagon. Nous avons frappé chez vous. Vous n'y étiez pas, alors nous sommes entrés. Nous avons également vérifié le compartiment de la jeune femme. »

La logique assassine le mystère. La lumière fait fuir la nuit mais attire les papillons qui se brûlent les ailes à l'ampoule. David est rassuré, la lumière est revenue et la projection terminée. Mauvais film de terreur, mauvais film d'espionnage, mauvais esprit français.

Le petit homme connaît le cinéma occidental. Il a un regard de compassion et sort. La phrase de David le rattrape :

« Attendez. J'ai une proposition à vous faire. »

CHAPITRE IV

LE diplomate n'a pas dit non à la proposition de David. Laurence non plus. Simple comme bonjour. Il fallait y penser. On a laissé repartir le train à travers Berlin-Est enneigé et, tandis que se profilaient derrière les vitres embuées les larges avenues rectilignes tirées au cordeau, on a procédé au transfert. Le cercueil est passé chez Laurence et Laurence chez David.

Les voici donc ensemble, superbes et jeunes, roulant vers l'aventure infinie sur ce rail qui est leur ligne de vie.

Elle suspend ses affaires, dépose quelques flacons sur la tablette du lavabo. Attitude grave, gestes qui l'engagent.

Il attend qu'elle ait fini de s'installer. Il va la prendre contre lui et la serrer toute une éternité. Elle se fait attendre. Elle range, elle déplace, elle s'efface.

Plus rien à faire. Tout est rangé, tout sauf elle-même qui semble ne pas savoir quoi faire de son corps.

Il s'avance, elle le reçoit. Ses bras se referment sur elle au ralenti comme les pétales d'une fleur carnivore sur un papillon gourmand. Elle s'y blottit, les yeux clos. Elle se fait toute petite et très légère et puis, soudain, se dérobant elle dit :

« Non, pas maintenant. »

Elle se tient à distance pour mieux le regarder dans les yeux. Ça n'est pas un affrontement, juste un étonnement. Ça n'est pas un refus mais de la pudeur. Elle est confuse sans pour autant éprouver le besoin de se justifier, car elle sait qu'il la comprend.

Il dit :

« Je crois que je vous aime. »

Cela fait des années qu'il n'a pas prononcé cette phrase. Il a l'impression d'avoir dix ans de moins. Comment pourrait-elle le prendre au sérieux? Peut-être est-ce mieux ainsi. D'un ton qui se veut enjoué il ajoute :

« Vous n'êtes pas obligée de me croire. Libre à vous de supposer qu'il s'agit d'un jeu. »

Elle dit :

« Je préfère, en effet. »

Ils sont restés dans le wagon-restaurant de Poznań à Varsovie. Quatre heures pour se découvrir en parlant des autres : les voyageurs du train ou bien les habitants des villages entr'aperçus. Les autres, c'est le paysage, le folklore, la légende, les ragots, l'information. Ouvriers contestataires de Posnanie, la Warta encore prise sous les glaces, les héros du ghetto de Varsovie, le charme slave, Marie Walewska, l'ulcère de Napoléon, Sigismond II et Ladislas IV.

« Et Sobieski, vous connaissez? C'est lui qui chassa les Turcs. Ah! ces Turcs, ils étaient partout. »

Parler de tout mais pas d'eux, laisser les sentiments cheminer comme ils l'entendent.

Lieux et yeux communs. Le même regard sur les choses, les mêmes choses dans le regard. Plaines givrées, arbres dépouillés.

Un rocher bleu, une colline usée, une ruine médiévale désignée de la main... et puis, alors qu'elle ne s'y attend pas, sa phrase à lui, puérile et consternante :

« Est-ce que vous vivriez là-bas avec moi ? »

Son regard de gosse pris au dépourvu devant un jouet trop compliqué. Incorrigiblc, il insiste :

« Répondez-moi. »

Ne pas le blesser. Répondre à son jeu :

« Et vous ?

– Moi ? je ne sais pas. »

Il l'a bien eue et s'en réjouit. Elle le réprimande. Il n'a pas le droit de la piéger. Elle se vengera. Elle se venge tout de suite, d'ailleurs. Elle dit :

« J'ai envie de vous embrasser. »

Rendu méfiant par ce désir soudain, il demande :

« On joue toujours ou c'est pour de bon ?

– Vous verrez bien. »

Elle se penche vers lui et quand ils sont enfin lèvres à lèvres, elle se recule. Elle rit et lance :

« Punition ! »

Savait-elle qu'il n'allait pas accepter la vexation ?

Il la prend par le cou et cueille son éclat de rire à pleine bouche. Cette fois, elle ne résiste pas. Le jeu en est aussitôt modifié.

Beaucoup de monde dans le wagon-restaurant polonais. Surtout des hommes. Jeunes gens aux cheveux longs, adultes aux cheveux courts. Le même nez retroussé, la même malice dans le regard, la même bouteille devant soi. Une sorte de Cinzano Vermouth trop cuit et trop sucré qui passe dans le sang, monte à la tête et redescend dans les jambes. Boisson sirupeuse qui vous prend en traître de Poznań à Vladivostok et qui donne aux baisers une ferveur musquée.

Les Polonais n'aiment pas qu'on s'embrasse aussi fougueusement dans un lieu public. L'un d'eux s'approche et tape sur l'épaule de David.

Prise en faute, Laurence détourne les yeux. David écarte les mains comme pour s'excuser de les avoir choqués. Il n'en faut pas davantage pour ramener la bonne humeur. Ayant compris le geste de David, l'homme prend son verre et porte un toast.

Tchin-tchin, général. Verres qu'on agite comme des drapeaux. Allégresse, rapprochement des peuples, naissance d'un couple.

Le front collé à la vitre, Laurence sourit au paysage qui n'a pourtant plus rien de souriant. Immeubles gris atteints de gigantisme, usines rouillées, banlieue bétonnée qui annonce la grande ville. Cohorte de camions militaires qui monte vers un front de fer.

Il dit :

« Je pense que nous arrivons à Varsovie. »

Elle ne répond pas. Peut-être n'a-t-elle pas entendu.

Il reprend :

« Tu crois que c'est Varsovie ?

– Oui, je crois. »

Il l'a tutoyée. Elle se détourne de la vitre et s'intéresse à lui. Elle aime le bleu de ses yeux. Un bleu un peu passé, un doux bleu. Elle voudrait l'appeler son « bleudoux », elle n'ose pas, elle le fera plus tard. Elle se souviendra qu'il l'a tutoyée à Varsovie. Oui, quoi qu'il arrive par la suite, elle s'en souviendra toujours. Serait-elle amoureuse? Elle ne comprend pas ce qui lui arrive. Mentalement, elle compte ses coups au cœur, ses aventures. Sur six expériences, cinq échecs et une demi-réussite, la demi-réussite, c'est Maurice Gesell... Ah! oui, Gesell... Mais c'est pour lui qu'elle est dans ce train. Une ombre de tristesse.

« A quoi tu penses? »

Elle le lui dit.

« Je pense à un monsieur qui s'appelle Maurice Gesell et qui m'attend à Tokyo. »

Comme il reste songeur, elle demande :

« Et toi?

– Moi, je pense à une femme qui s'appelle Louise Feyder et qui m'attend à Paris. »

Ne pas se faire mal. Vite se détourner du passé. Elle lui montre un immeuble hideux et pointe son doigt sur ce qui doit être la millième fenêtre. Elle dit :

« Est-ce que vous aimeriez vivre ici avec moi?

– Et toi?

– C'est moi qui pose la question. »

Il le lui dit. Oui, il aimerait vivre ici avec elle. Ici et n'importe où ailleurs.

Elle le croit, pourquoi ne le croirait-elle pas? Il lui ressemble. Elle est son double.

Varsovie. Trois quarts d'heure d'arrêt. Ils descendent respirer le vent d'est. Il fait froid, très froid. Elle se serre contre lui. Ils vont vers la gare, bras dessus, bras dessous. Allure rapide, pas cadencé et panache de buée qui sort des bouches comme des bulles de bandes dessinées. Dans son fiumetto à lui, on peut lire : « Ecoute, Laurence. Il nous reste treize mille kilomètres à parcourir, alors je te propose un pacte. Tu ne parles plus de Gesell, je ne te parle plus de ma femme. O.K. ? »

Dans son fiumetto à elle, on lit : « O.K., David, on va être mari et femme pendant treize mille kilomètres. On oublie l'avant et aussi l'après. D'accord ! Tu le jures ? »

La main sur le cœur, il jure et dit :

« Et si on achetait des alliances. »

Ils s'arrêtent auprès d'un kiosque où l'on vend des souvenirs de Varsovie. Pas d'alliance, bien sûr, mais une bague aux armes de la ville. Il la lui passe au doigt.

Les nouveaux époux s'embrassent. Les fleurs sont de givre et les témoins innombrables.

CHAPITRE V

Au même instant, à mille sept cents kilomètres de ce bonheur tout neuf, Louise Feyder boucle sa ceinture de sécurité. Elle a dû faire un effort certain pour prendre l'avion. Un effort financier, aussi. Fonds de tiroirs raclés, livrets de Caisse d'épargne vidés et, en plus, un bijou déposé le matin même au clou. La somme réunie, elle s'était précipitée au guichet d'Air France-Invalides et avait attendu, nerveuse, devant une hôtesse impassible qui consultait sans mot dire un ordinateur. Ouf! Réponse favorable de l'ordinateur, puis départ en car, jusqu'au Bourget.

Décollage du 707. Louise ferme les yeux, le temps de réciter sa prière rituelle. Oh! rien à voir, cette prière, avec celles qu'on lui avait apprises au catéchisme. Les yeux fermés, elle scande du bout des lèvres, invoquant ceux qu'elle aime ou qu'elle croit aimer, récitant dans un ordre établi à l'avance les noms des êtres et des choses qui ont besoin d'elle et qui seraient assurément dans le désarroi si l'avion venait à s'écraser : « Ma mère... mon père... ma fille... mon mari... moi-même... mon chat... mon appartement. »

Le chat, un abyssin de huit mois, nommé

Négus, a été conduit chez sa mère en même temps que la petite Véronique.

Ça y est. Le 707 décolle mais la prière n'est pas terminée pour autant. Elle durera et sera modifiée jusqu'à ce que l'avion ait trouvé son altitude de croisière : « Ma Jeanne... mon Jean... ma Véronique... mon David... ma Louise... mon Négus... mon appartement... »

Jeanne et Jean, ce sont les parents de Louise.

Les yeux toujours fermés, elle répète pour la neuvième fois sa litanie exhaustive. Mais Louise n'est pas vraiment satisfaite. Elle voudrait y ajouter une autre formule. Craignant la colère de Dieu, elle hésite à prendre le risque. Allez, ma vieille, jette-toi à l'eau! Elle ose enfin et, reprenant tout depuis le début, accole « mon amour » derrière « mon appartement ».

Comme la formule n'a pas déplu à Dieu, elle se dépêche de la répéter. L'avion s'est stabilisé et plafonne, horizontal au-dessus des nuages.

Dernière incantation pour Louise. Il s'agit maintenant de se représenter les êtres ou les choses aimés au fur et à mesure de leur évocation. Pour la mère, le père, la fille, le mari, le chat et l'appartement, pas de problème. Le visage et les lieux apparaissent très nettement tour à tour. Mais voici que, à « mon amour », l'écran reste blanc. Son amour. Quel amour? Elle ne sait comment se le représenter. Désarroi, chute libre. Elle se raccroche au visage de David et y juxtapose le sien mais l'image vient mal. Vite, très vite, elle fait défiler d'autres têtes, d'autres hommes. Aucun d'eux ne correspond à la formule « mon amour ». Doit-elle abandonner ou insister, ouvrir les yeux pour mieux voir en soi? Elle concentre son regard sur l'inscription « No smoking ». Non. Rien à faire, ça ne marche pas. Elle essaie maintenant de fixer son attention sur les lettres rouges du mot « Exit ». Elle fixe et elle pense très fort à « mon amour ». La couleur y est-elle pour quelque chose? Possible. L'image sort du flou et apparaît :

La place Rouge. L'hôtel Metropol. Une chambre. Leur chambre. Elle, déjà couchée, éveillée mais faisant semblant de dormir. Lui, arrivant dans le couloir, si malheureux d'être seul. La clef sur la porte. Sa surprise. Il entre. Quoi! Comment! Une femme dans son lit. Elle se réveille et tend les bras. Il vient à elle. L'étonnement, le choc. L'amour.

Louise sourit. Béate, elle fait durer l'image. Elle y trouve son plaisir. Inutile de continuer sur Vladivostok. On restera à Moscou, enfermés dans cette chambre d'hôtel. La chambre sera leur cabine, et l'hôtel, leur bateau sur l'Amazone.

Elle pense à l'Indien sur le pont qui fumait dans la paume de sa main. Elle pense qu'aujourd'hui elle pourrait le faire et peut-être même pas seulement pour aiguiser le plaisir de David. Ah! oui, comme elle va le surprendre, son mari. Elle imagine qu'un matin, à l'heure du petit déjeuner... Oh! Non, tout de même pas! Mais si. Elle peut le faire à présent. David est dans la salle de bain. Tapi dans le noir, il observe. Le garçon, un grand costaud, pose le plateau sur la desserte et s'apprête à repartir sans avoir levé les yeux sur elle. Sortir toute nue du lit et s'accrocher à son cou... Faire l'amour devant David... lui offrir ce plaisir...

L'hôtesse offre un verre de jus d'orange. Elle le prend et le déguste. Elle boit comme elle fume, par petites bouffées qui amènent la réflexion. De nouveaux jours vont commencer. L'Amazone a sept ans. On efface tout et on recommence. On recommence avec l'amour mais aussi avec la vie. Elle va travailler et engager une bonne. Elle va gagner de l'argent et prendre de l'assurance. Fini, terminé, les attentes et l'ennui. Le soir, elle rentrera en même temps que lui. Peut-être même, parfois, un peu plus tard. Elle aura « ses » déjeuners, « ses » dîners. Elle aura « ses » préoccupations, « ses » amis, « son » bureau. Elle sait maintenant que celles qui sont condamnées à la maison purgent la peine de toutes les peines. Des années durant, elle s'est fermée à David parce que David l'enfermait dans son comportement d'homme. Il était devenu, sans même le savoir, une espèce de geôlier qui ne la regardait qu'à travers un judas et le monde de Louise s'en trouvait, de ce fait, rétréci. En plus, il fallait sourire au geôlier, le nourrir, le distraire et aller au lit avec lui comme on va à l'échafaud.

Elle lui en voulait beaucoup de ne s'être aperçu de rien et d'avoir continué à abuser d'elle au physique et au moral. A plusieurs reprises, elle avait failli s'évader de la maison en lui laissant Véronique, le chat, le désordre et la bouffe. Pourquoi ne l'a-t-elle pas fait ? Par pitié. Oh ! pas vraiment pitié de lui mais pitié de sa condition. Ça n'était pas seulement la faute de David mais la faute de tous les David du monde. Depuis des siècles qu'on leur répétait : « Vous êtes le chef de la famille et en temps que tel vous êtes responsable de votre femme et de vos gosses. » Pauvres David du monde entier qui portent toujours sur le dos et la conscience cette croix de plomb. Pauvres David du monde entier, obsédés par les ventres vides de leurs enfants. Pauvres David du monde entier, morts par millions en défendant, face à l'envahisseur, leurs foyers menacés. Pauvres David du monde entier, noyés ou brûlés pour avoir respecté la loi des forts : « Les femmes et les enfants d'abord. »

Fini, tout ça. Elle va s'émanciper, devenir à son tour responsable. Ils vont partager le plomb et l'or, tout se partager. Ils vont jurer et jouir ensemble et même se permettre d'autres découvertes. Tout se dire, tout se raconter, s'ouvrir à tout va.

Louise délire, elle rêve, elle idéalise. N'est-elle pas déjà juste au-dessus des nuages, en plein soleil d'hiver?

Elle regarde vers le hublot, rend un sourire à son voisin et revient très vite à elle.

Etre indépendante et autonome pour enfin s'abandonner, se donner à fond à David. Non, ça n'est pas un jeu mais une réalité. Avoir une bonne pour enfin s'adonner au plaisir de préparer un plat compliqué. Etre très occupée, très prise ailleurs pour se sentir libre et présente chez elle.

Elle aurait continué comme ça jusqu'à Moscou à énumérer les principes de base de cette nouvelle charte des libertés s'il n'y avait pas eu tout à coup une violente perturbation atmosphérique.

Agrippée à son siège et s'efforçant d'épouser les secousses de l'avion, Louise a repris sa prière : « Ma Jeanne... mon Jean... ma Véronique... mon

David... mon chat... mon appartement... mon amour... »

Elle insiste sur « mon amour » mais elle le voit, cette fois, moins bien. Tant pis. Elle passe dessus et ajoute à sa liste « ma liberté » et « mon travail ».

Aussitôt, elle se reprend. Elle s'en veut de s'en être remise, une fois de plus, au fétichisme. Elle expire longuement comme pour chasser la peur puis elle s'insulte : « Tu n'es qu'une pauvre petite bonne femme faible ! Sois donc un homme, ma vieille ! »

CHAPITRE VI

LAURENCE et David n'ont pas besoin de prier pour voir clair en eux; ils préfèrent rester aveugles. D'un commun accord, ils ont décidé de consommer le mariage entre Brest-Litovsk et Moscou. Mille cent kilomètres de nuit de noces. A Varsovie, ils ont acheté du champagne et de la vodka et aussi un petit bouquet de houx qu'elle a coincé dans la poignée de la vitre. Respectant leur convention, ils ont attendu sagement l'un en face de l'autre l'arrivée du train à Terespol, dernière ville polonaise.

Entre Varsovie et Terespol, ils ont disputé six parties de morpions et quatre batailles navales. Matches nuls. Cinq partout. A chaque partie gagnée, à chaque vaisseau coulé, ils ont échangé des baisers et des rires. Apparemment, rien de plus et pourtant ils ont meublé l'invisible de ces milliers de détails importants qui aident la passion à s'épanouir. Il a fallu à David une sacrée force de caractère pour ne pas tricher avec leur décision. Force de caractère mais aussi une peur certaine d'être pris pour Carlos.

David n'est ni un violeur ni un voleur, mais,

malgré tout, il s'est fait violence en s'obligeant à attendre. Il s'oblige encore, au fur et à mesure que l'heure avance, en forçant sur le naturel et la décontraction. Laurence lui sait gré de cet effort. Elle aussi s'oblige, elle s'oblige à ne pas lui laisser voir qu'il s'est obligé, elle s'oblige à entretenir la tendresse en A 5 ou en F 10, comme on entretient un feu de braises sous la cendre. Mais pour elle? Laurence s'oblige à la réalité et cette réalité du choc physique, elle la craint si fort qu'elle voudrait pouvoir repousser très loin sa promesse.

Entre Terespol, dernière ville polonaise et Brest-Litovsk, première ville soviétique, ils ont arrêté leurs jeux. Dans le couloir ils ont rejoint les passagers du premier jour. Les autres, les Polonais, montés aux arrêts précédents, sont descendus à Terespol. Sept kilomètres séparent les deux villes, sept petits kilomètres, des siècles de malentendu et de haine entre les deux peuples.

Les voyageurs russes pressés contre la vitre laissent éclater leur joie. Ils sont bruyants, exubérants, la terre natale est proche. Quelqu'un entonne *Plaine, ma plaine...*

Il est une heure du matin. Des lumières brillent au-delà des voies. Instant d'émotion. Dans quelques secondes la formidable Russie soviétique se refermera sur les deux étrangers. Ils sont là, elle et lui au cœur à cœur avec leur nuit de noces dans la tête. Leur amour tout neuf et leurs idées toutes faites. La veille, ils ont aperçu le mur de Berlin, alors maintenant, par-delà les vitres givrées, ils cherchent à voir. Mais oui, à voir le fameux rideau de fer. Oh! bien sûr, ils savent que le rideau n'existe pas. Ils savent que l'image est rouillée, usée; pourtant – est-ce un effet de leur ivresse? – les yeux collés à la nuit blanche, ils le voient tomber sur eux.

Pas la moindre crainte, même pas un mouvement de recul. Au contraire, ils s'avancent et se serrent un peu plus. Ça les arrange que le rideau tombe sur le théâtre du passé. Leur avenir est là, en Russie.

Le train s'arrête. Ils sont libres.

Libres, ils s'apprêtent à sortir. Brusquement, le wagon est envahi par des soldats qui hurlent des ordres. Le chant cesse, les passagers se replient. Laurence et David battent en retraite. Sur le quai des bruits de bottes, un martèlement obsédant. Ce sont d'autres soldats qui arrivent en rang serré. Longues capotes grises qui tombent sur le cou-de-pied. Visages jeunes, durs, impénétrables sous la chapka de fourrure. Parvenus près du wagon les soldats s'arrêtent et marquent le pas. A leur tête un officier. Immense, des épaules carrées et galonnées. De ce paquet de soldats il se dégage un sentiment d'invincibilité. Le train est cerné.

Laurence se renseigne. Une femme qui tout à l'heure pleurait de joie lui explique que tout est normal : « Il s'agit d'un contrôle comme chez vous. Exactement comme chez vous lorsque nous autres, Soviétiques, nous arrivons en France. »

David s'inquiète de la durée du contrôle. Chaque minute passée grignote son temps de plaisir. Elle le charrie :

« Le contrôle, ce n'est rien. Tu sais ce qu'ils font après? »

Non, il ne sait pas. Elle fait durer le suspense.

Ça lui plaît de le voir dans l'embarras au milieu de tous ces soldats.

« Allez, dis-le. »

Elle le taquine.

« Dis-le-moi, toi.

– Dire quoi ?

– Que tu m'aimes. »

Il n'a pas le temps de répondre. Juste à côté, c'est la bousculade. Une femme tombe sur lui, front contre front. Ça fait mal. Il se frotte et dit :

« Je vais avoir une bosse. »

Des soldats ont ceinturé un jeune homme, il se débat, donne des coups de poing et de pied. Les soldats esquivent et le poussent hors du wagon. Il manque la marche et s'étale de tout son long sur le quai.

« C'est un Polonais, dit Laurence.

– Qu'est-ce qu'il a fait ?

– Je ne sais pas. »

Le calme de Laurence l'énerve.

« Eh bien, demande-le. »

Premier ordre. Le ton est sec, énervé.

Elle répond :

« Demande toi-même. »

Première scène.

David ne se dégonfle pas. Il va vers le petit homme au passeport diplomatique.

« Excusez-moi... »

Le diplomate le devance.

« C'est un Polonais. Il n'a pas de papiers. Il est complètement soûl. »

Pas de papiers et complètement soûl, ça fait beaucoup pour un seul homme. Il remercie le diplomate et toise Laurence d'un air vainqueur. Heureusement que son sourire arrange tout.

Revenu auprès d'elle, il demande :
« Qu'est-ce que tu me disais avant la bousculade ? »
Elle ne s'en souvient plus. Ou fait-elle semblant ? Déjà elle s'amuse de lui :
« Je te disais peut-être que je t'aimais ! »
D'un air qui se voudrait complice, il répond :
« Parce que tu m'avais déjà oublié ? »
Ils se taisent. Elle lui prend la main. Leurs doigts qui s'enchevêtrent parlent pour eux.
Ils auraient pu rester comme cela longtemps à sentir battre leur paume, si un officier ne les avait priés de regagner leur compartiment.
Brutalement séparée de lui, elle retrouve la mémoire :
« Ah ! oui, je me rappelle. Ce sera très long, tu sais, ils doivent modifier l'écartement des roues. »
Elle a raison, il sait en effet que les rails en Russie n'ont pas les normes internationales. Il râle :
« Quelle connerie ! C'est comme les Anglais avec leur conduite à gauche. Ça va prendre au moins une heure ! »
Pas très gentiment elle reprend :
« Ne sois pas si impatient. On a tout notre temps ! »
Il est déçu de sa remarque et lance :
« Ah ! tu trouves ! mais ça va être une toute petite nuit de noces ! »
Pour se faire pardonner, elle veut se jeter dans ses bras mais bute dans sa valise. Il la rattrape, évitant la chute.
Elle reste suspendue à son cou. Ils se regardent tout au fond des yeux, mais ça ne l'empêche pas

de voir le désordre dans lequel ils cohabitent. Elle a étalé ses bagages un peu partout. Des livres et des magazines traînent sur les couchettes, des livres mais aussi des souliers et des bottes, une paire de lunettes, un jean, une veste molletonnée, des chaussettes d'homme, un paquet de pointes bic, un slip rouge, sa trousse de toilette ouverte et aussi un rasoir mécanique. Presque rien dans la trousse. Juste un déodorant, du talc et des bâtonnets pour les oreilles.

Elle continue à le regarder tandis qu'il passe en revue la couchette supérieure. Elle lui caresse la joue, les lèvres, le front. Ah ! mais, c'est vrai qu'il a une bosse. Elle le plaint.

« Mon pauvre chéri. Mon pauvre petit chéri. »

Parce qu'il se sent fort, il fait l'enfant et baisse la tête pour qu'elle embrasse sa bosse. Elle dit :

« Et si c'était une corne ? »

Il ne trouve pas ça très drôle mais prend le parti de s'en amuser.

Un soldat surgit, suivi d'un officier. Le soldat reste en faction, comme coincé entre les panneaux coulissants. L'officier, viril et corpulent, se faufile dans le compartiment. Un civil le rejoint, il est vêtu d'un long manteau noir et coiffé, lui aussi, d'une chapka. Il n'a pas d'âge, il est maigre, très sec avec un menton en galoche et un nez retroussé. D'instinct, David et Laurence se sont serrés l'un contre l'autre, d'instinct mais aussi, bien sûr, à cause du manque de place. On tient mal à quatre dans un compartiment de deux couchettes. Le civil feuillette les passeports. Ses yeux vont des photographies aux visages. Battements de cils. Allées et venues des paupières.

Après avoir examiné attentivement celui de

Laurence, il le lui rend. Elle est soulagée. C'est au tour de David de se sentir en faute. Chaque frontière passée est une remise en question. Etre en règle avec soi-même ne veut pas dire qu'on l'est pour les autres. David redoute ces moments de vérité où il risque de perdre son identité du fait même qu'on la lui contrôle.

Il craint de basculer dans l'absurde et éprouve, face au civil qui l'observe, le même sentiment de vertige que le jour où, téléphonant chez lui, il entendit ce disque lui répondre : « Il n'y a pas d'abonné au numéro que vous avez demandé. » C'était une erreur bien sûr...

Mais que fait le civil ?

Au lieu de rendre le passeport, voici qu'il le met dans sa poche.

David tend la main comme pour le reprendre. Un air de dire : « C'est à moi, vous n'avez pas le droit... » L'autre détourne les yeux et dit :

« L'officier qui m'accompagne va vous fouiller. Je vous demande d'être coopérant ! »

Long regard de David vers Laurence, tandis que, se baissant, l'officier palpe les chevilles, les mollets, les cuisses, l'entrejambe. Sa chapka dégage une odeur de peau mal tannée. Sourire rassurant de la jeune fille qui dédramatise la situation. Un air de dire : « Ne t'en fais pas, ce n'est qu'une fouille de routine. » La réponse dans les yeux : « De toute façon, j'ai une tête à être fouillé. Je porte en moi la culpabilité, et cela ne se cache pas. »

L'officier se relève, palpant le torse et les aisselles.

Le civil ayant attendu, impassible, que la fouille soit terminée, demande :

« Vous restez combien de jours à Moscou ? »

David s'efforce de répondre calmement et détache ses mots pour mieux convaincre :

« Une seule nuit. Je prends le transsibérien le lendemain matin.

– A quel hôtel descendez-vous ?

– Au Metropol.

– Vous êtes déjà venu en Union soviétique ?

– Non. »

Le civil en doute-t-il ? La façon dont il observe l'étranger pourrait le laisser croire. Après un temps de silence et de gêne, il dit :

« J'espère que notre pays vous plaira. »

Ouf ! David est rassuré. Il échange un signe d'intelligence avec Laurence et tend la main vers la poche du civil. Il se risque :

« S'il vous plaît, je peux avoir mon passeport ?

– Je vous le rendrai en temps voulu. »

La réponse ambiguë ne le satisfait pas. Sans son passeport il se sent vulnérable, tout nu. Surtout ne rien laisser paraître. Se ressaisir, sourire, plaisanter. Il dit :

« Si vous me disiez ce que vous cherchez, je pourrais peut-être vous aider ? »

Des yeux, elle le gronde. Il reprend :

« Je vous assure, on irait beaucoup plus vite. »

Il fronce les sourcils. A son tour de la réprimander. Le civil ne répond pas. Il se saisit d'un magazine, le feuillette et demande :

« Avez-vous d'autres lectures ? »

La question s'adresse aux deux. Elle fait non de la tête. Lui, faussement à l'aise, déclare :

« Oui, j'ai des lectures subversives ! »

Ce disant, il grimpe à l'échelle et fouille dans sa valise.

Voix du civil :

« S'il vous plaît, monsieur, faites-moi voir la valise. »

Le civil écarte David et prend sa place sur l'échelle.

A son tour d'être inquiète. Battement de cœur et claquement des jointures. David l'envie de savoir faire craquer ses doigts, lui n'y est jamais parvenu. Il n'est pas adroit de ses mains, pas très adroit non plus avec les mots.

Il voulait plaisanter, maintenant il provoque :

« Attention, ça pourrait exploser ! »

Pas de commentaire. Le civil referme la valise. Il a gardé deux livres. Un très gros et un plus petit. Le gros, c'est *Belle du Seigneur* d'Albert Cohen. Le petit, c'est *Sibérie* d'Armand Gatti.

Il met les livres dans les bras de l'officier et demande :

« Le gros, là, de quoi il parle ?

– Je ne sais pas. Je ne l'ai pas lu.

– Vous devez bien avoir une idée. »

Bien sûr, qu'il a une idée. Cela fait dix ans qu'il a envie de le lire sans en trouver le temps. Il dit :

« C'est une très grande histoire d'amour. »

Comme il se trouve un peu emphatique, il se reprend :

« C'est un roman, quoi ! »

Le civil enregistre et met la main à sa poche. Il n'en sort pas le passeport mais un carnet à souches.

Il dit :

« Je confisque ces livres. Voulez-vous avoir l'obligeance de signer ici. »

C'est surprenant, mais David n'a pas l'obligeance. Courage ou inconscience, il s'entend dire :

« Ah ! non. Confisquez, si vous voulez mais, moi, je ne signe rien du tout. »

Il y a tout à coup comme un blanc dans les rapports. L'officier, qui n'entend pas le français, interroge le civil. La routine administrative vient d'en prendre un sacré coup. Conciliabule entre le civil et l'officier. Conciliabule entre Laurence et David. Elle lui en veut de leur avoir tenu tête. Elle a peur que ça se termine mal :

« Tu devrais signer, je t'assure. »

Pas du tout mécontent de s'être rendu intéressant, il en remet :

« Je ne peux pas. C'est une question de morale.

– Quelle morale ? Ce sont des livres. Tu en rachèteras d'autres. »

Elle insiste :

« Je t'en prie, signe. »

Il aime lui tenir tête. C'est bon, c'est très bon de l'affoler. Il voudrait qu'elle le prie encore. Juste une fois, rien qu'une petite fois et il signerait.

Trop tard. Les Soviétiques en ont décidé autrement.

« Mettez votre manteau et suivez-nous. »

Le héros met son manteau. Il le boutonne avec application, il a tout son temps mais a-t-il toute sa raison ? Posant un regard profond sur celle qu'il aime, il s'entend dire :

« C'est une question de dignité. »

Mieux vaut sortir avant qu'il ne se dégonfle. Il se retourne et ajoute :

« A tout à l'heure.

– A tout à l'heure », répond-elle, partagée entre l'irritation et l'admiration.

Il se tient droit, il est fier, exalté. Il pense à

Berthier, son directeur, à M. Hertz le chef suprême, aux mille véhicules vérifiés par ses soins, au grand Albert Cohen pour lequel il monte au feu. « Qu'ils prennent mes livres, qu'ils me fusillent, mais qu'ils ne comptent pas sur moi pour avaliser leur crime. »

Le voici donc sur le quai entre un policier en civil et un officier de l'Armée soviétique. Il fait glacial. Il remonte le col de son pardessus et regarde furtivement derrière lui. Est-elle inquiète ? Trop de buée, trop de givre. Il n'entrevoit d'elle qu'une silhouette floue.

Ses gardiens le bousculent et pressent le pas. « A tout de suite, mon cœur, à tout à l'heure, ma nuit de noces. » Il regarde sa montre. Il est une heure trente-cinq du matin. Un souterrain. Un quai. Un autre souterrain, un autre quai et toujours les bottes de l'officier qui claquent sur le béton gelé.

Une salle immense. Cela s'appelle un hall de gare et rien ne ressemble plus à un hall de gare qu'un autre hall de gare. Et pourtant celui-là a quelque chose d'unique. Il possède en son milieu un comptoir, genre comptoir de grand magasin. Derrière le comptoir, il y a un bureau avec des dorures et des taches d'encre. Autour du bureau, le buste à ras du comptoir, siègent quatre officiers en grand uniforme. Quatre officiers devant quatre téléphones.

Des murs jaunes, des murs très hauts, et pour plafond une verrière d'où pendouille une lumière de crime. Dans les murs, plein de portes qui s'ouvrent et se referment comme battues par un courant d'air mystérieux. Derrière ces portes, des ombres qui vont et viennent. Des cris. Des ordres, des coups de sonnette, des appels téléphoniques.

Un soldat qui accourt avec des dossiers. Claquement des talons. Salut. Demi-tour.

Au fond de la salle, sous la flèche verte qui signale les toilettes, une banquette marron. Affalée sur cette banquette, une grosse baba, un balai de paille entre les jambes, qui regarde David s'approcher.

Un mot du civil à la baba. Mot magique. Elle se lève comme si elle avait été piquée aux fesses et se met au garde-à-vous. David est prié de s'asseoir, il le fait. Le regard de la baba croise le sien sans se dérober.

Parvenu près du bureau, l'officier y jette les livres. Le plus gros tombe à terre. Un juron qui résonne. Le civil se baisse, l'officier en même temps. On entend le bruit de deux fronts qui se cognent et de nouveau un juron. La baba esquisse un sourire grimaçant que David tente de transformer en sourire fraternel. En vain. La baba n'aime pas les étrangers. Elle grommelle une insulte et, menaçante, brandit son balai.

D'où il se trouve, David a la chance d'apercevoir son train. Oh ! pas très nettement. Juste assez tout de même pour se rendre compte qu'il est toujours là. Il pense « son » train mais il ne veut pas dire son train à lui mais son train à elle. Première séparation. Premiers doutes. Que fait-elle, à quoi pense-t-elle, qui regarde-t-elle ? Il s'efforce d'y voir clair. C'est dur, c'est très dur d'être lucide quand on a si bien joué à s'intoxiquer d'amour. Mais jouer à être amoureux, n'est-ce pas déjà être amoureux ? Faire des tentatives d'amour, c'est comme faire des tentatives de suicide, on finit, un jour ou l'autre, par tomber amoureux ou par se suicider. Bien sûr qu'il est sûr de lui, bien sûr qu'il ira jusqu'au bout du jeu, jusqu'au bout et bien au-delà, jusqu'à la consommation totale, jusqu'à la digestion et l'indigestion. Oui, il ira. Il est capable d'aller jusqu'au-delà du fol amour, vers d'autres amours plus sages, plus grises, plus ternes et de plus en plus sages et de plus en plus grises et ternes. Oui, il ira. Il est capable d'aller au-delà du sage, au-delà du gris et du terne jusqu'à sauter les pieds joints en plein néant. Tant pis. Ça ne fait rien. David fait partie de ces hommes qui ne mesurent ni le jeu ni la chandelle. Quand il faut brûler, il brûle, et il brûle d'autant plus fort et d'autant plus vite qu'il se sait trop flambeur pour durer longtemps. Faire le feu de paille avec une fille, c'est pour lui la seule façon possible de servir l'amour. Mieux vaut aimer quinze jours à la folie que quinze ans à la grisaille. Faire le feu de paille, d'accord, mais que fait-il alors dans ce hall de gare? Quel con d'avoir fait le fier! Il serait déjà dans ses bras. Quand il pense à eux, il se voit blotti contre elle. Se blottir contre l'autre, ça n'est pas seulement prendre la tendresse en égoïste. Non, lui, en se blottissant, donne autant qu'il reçoit. Se blottir, c'est s'ouvrir et se découvrir, c'est s'offrir et se démasquer.

Ils ont étalé les livres. Ils les ont soupesés, dépliés, refermés et resoupesés, ils en ont palpé les pages, examiné les photos, évalué le contenu. Ils ont discuté, proposé, élevé la voix. Ils ont fait tout cela et maintenant ils recommencent. Pas un regard vers l'étranger, on le tient en ignorance. L'étranger, pourtant, s'impatiente. Là-bas, deux soldats viennent d'apporter des loupes. Parfaitement. On va passer au crible les huit cent quarante-cinq pages de *Belle du Seigneur.* Ratissage des mots ou des idées ? S'en prend-on au style ou au fond, à la beauté ou au seigneur ? Qui est subversif : l'écrit ou l'auteur ? Le fait de s'appeler Cohen a-t-il motivé les autorités soviétiques ? David fait le compte des pages lues entre les lignes. A raison de quatre pages contrôlées et « relâchées » en soixante-cinq secondes, il devrait encore rester assis au moins... Pas facile. Il décide d'arrondir à huit cents pages et à soixante secondes la page. Il compte : tous les prisonniers savent compter. L'important est de s'occuper l'esprit avec des futilités, du terre à terre. Il compte, il cherche, il se trompe et recommence. Huit pages = deux minutes. Seize pages = quatre minutes. Trente-deux pages = huit minutes. Soixante-quatre pages = seize minutes. Ça ne lui paraît pas énorme. Mais, d'un seul coup, phénomène des grains de blé sur les casiers de l'échiquier, ça grimpe très vite. Cent vingt-huit pages = trente-deux minutes. Deux cent cinquante-six pages = soixante-quatre minutes. Cinq cent douze pages = cent vingt-huit minutes. Bon ! Il faut aussi compter avec les impondérables. Supposons, par exemple, qu'ils réussissent à décoder Dieu sait quel message ou, plus simplement, supposons qu'ils se mettent à apprécier le texte. Il reprend et arrondit encore une fois à son désavantage rajoutant des pages au livre. Cinq cent douze pages plus cinq cent douze pages = mille vingt-quatre pages, ce qui ferait cent vingt-huit minutes multipliées par deux, soit deux cent cinquante-six minutes, un peu plus de quatre heures.

Quatre heures à attendre, ça lui paraît tout bonnement inhumain. Il est pris d'une sorte de vertige, il imagine le train partant sans lui. Il se voit, là, tout seul avec son amour coupé sous le pied, son amour écrasé, martelé par la botte soviétique. Insupportable image. C'est comme si la terre s'ouvrait sous lui. Quelle chute, mon ami! Quelle chute, mais aussi quel con de ne pas avoir signé ce bout de papier! Bouffée de vertige mais aussi bouffée de colère. Il se lève vivement, si vivement que la baba en loupe son coup de balai.

Il fonce :

« Ça va. Ça va. Arrêtez tout. Je signe! »

Les officiers en ont vu d'autres. La présence de l'étranger si près de leur enceinte ne les dérange en rien. Ils ont leur chien de garde, ces officiers. Le chien de garde, c'est le civil. D'un bond, il a sauté par-dessus le comptoir et maintenant il aboie :

« Qu'est-ce que c'est? Qu'est-ce que c'est? Allez vous rasseoir. »

Les deux mains posées à plat sur la poitrine de David, il le repousse.

David ferme le poing et donne un coup sec sur le bras de l'homme qui lâche prise.

« Mais puisque je vous dis que je signe. »

Il crie :

« Je signe! Je signe! »

L'autre s'est arrêté de lutter, on dirait même qu'il s'est arrêté de penser. Il remonte la manche de son manteau et défait son poignet de chemise. Stupéfait, il regarde sa montre. Le coup de poing de David a fait voler le verre en éclats. Coup dur pour le civil mais aussi coup très dur pour David. Il s'affole, s'excuse, bredouille de confusion.

« Tenez, monsieur. Prenez la mienne. »

Il ôte sa montre et la lui donne.

Le civil la refuse et fait un geste qui veut dire : « Bon, ça va. N'en parlons plus. »

Il abandonne David à la baba montée à la rescousse. David a eu chaud, très chaud. Heureusement qu'il s'est excusé.

Il sourit à la vieille mais la vieille, imperturbable, applique les consignes. Petits coups de tête pour désigner la banquette, petits coups de balai dans les mollets pour le faire avancer plus vite. David se demande pourquoi on ne le fait pas garder par un soldat. Des soldats, il y en a autant qu'on veut en Union soviétique. Des vieux aussi, d'ailleurs. Sans compter que les vieux et les vieilles sont aussi d'anciens soldats. Et s'il n'était pas gardé, s'il n'était que surveillé? Après tout, que lui reproche-t-on? Rien. L'a-t-on seulement menacé? Non. Jamais! Il se rassure. La baba n'est pas sa gardienne mais une simple dame-pipi, les officiers ne sont pas des militaires mais de simples bureaucrates, le policier en civil n'est pas un policier mais un simple guide de l'Intourist. L'imbécile! Il s'intoxique lui-même.

Il s'assied. Il va mieux. Là-bas, tout là-bas, audelà de la grande porte vitrée, le train, inondé de lumière, semble l'attendre.

Laurence paraît calme. Elle regarde sa montre, geste machinal, mais elle serait bien incapable de donner l'heure. Elle regarde sa montre comme d'autres fument, ça lui donne une contenance, ça l'aide à ne pas perdre la face devant tous ces Soviétiques qui la dévisagent. Elle attend, eux aussi. Elle s'attend à ce qu'il ne revienne pas. Elle devine qu'ils n'en savent pas plus qu'elle et c'est pourquoi elle ne se renseigne pas. Elle attend, c'est tout. Non. Elle n'est pas particulièrement inquiète de son absence à lui. Elle l'est bien plus d'elle-même. Plus il tarde à revenir, plus cette aventure lui paraît folle, malvenue, déplacée. Un homme l'attend à Tokyo, un autre à Paris. Soudain, un troisième arrive et se place entre les deux. Que va-t-elle donc gagner dans cette histoire en dehors de quelques coups au cœur ? Et encore, pas certain que ça marche. Oh ! non, pas du tout certain. Bien sûr que le type lui plaît. Bien sûr qu'il a du charme et de la dinguerie. Bien plus de charme et de dinguerie que Gesell ou Coty n'en n'auront jamais. Elle imagine Gesell la draguant dans ce trans-euro-nuit entre Paris et Moscou. Facile, très facile de sortir de soi quand on est ainsi placé sur des rails qui vont jusqu'au bout du monde. Elle imagine assez bien Gesell, son fiancé de Tokyo, mais elle voit mal Coty, son fiancé de Paris. D'abord, Coty n'aurait jamais pris le train. Gesell non plus, d'ailleurs. Elle a tort de comparer, tort de douter, tort de penser que David ne reviendra pas. Elle s'en veut de le remettre en question, elle s'en veut de ne pas savoir ce qu'elle veut. Mais que veut-elle au juste ? Un flirt ou l'amour fou ? Continuer ou tout casser ? Réfléchir ou laisser faire ? Au fond d'elle-même, elle se sait incapable de prendre une décision. Oui, elle le sait. Alors, une fois de plus, elle va laisser les circonstances agir pour elle.

Que se passe-t-il ? C'est d'abord une secousse qui fait perdre l'équilibre. Un grincement d'essieux. Puis, d'autres secousses. Le mouvement s'accélère. De l'autre côté de la vitre, la gare défile comme au garde-à-vous. Parti, le train. Parti sans lui. Ainsi donc l'ont voulu les circonstances. Sans doute donne-t-elle en cet instant l'image d'un profond désarroi car le Russe qui, tout à l'heure, chantait *Plaine, ma plaine...* vient vers elle, protecteur. Il est très grand et très maigre avec des cheveux gris qui tombent en pleurs sur ses pommettes, si grand que pour lui parler, il est obligé de se courber :

« Rassurez-vous, mademoiselle, nous ne partons pas. Nous changeons seulement de voie. »

Le chanteur n'est pas la bonté même. Il rigole de toutes les dents qui lui manquent. Suit une explication assez technique sur la manière dont les cheminots soviétiques s'y prennent pour modifier l'écartement des boggies. Il parle avec ses mains et son corps. Lui aussi modifie sensiblement son écartement.

Elle sourit et remercie. Elle se trouve bête de sourire, stupide de remercier mais c'est comme ça. L'étranger est toujours en porte-à-faux. Difficile, très difficile de savoir si celui qui vous parle vous veut du bien ou du mal. D'emblée, on a tendance à lui faire confiance. On ne devrait pas.

Bien sûr que le chanteur lui veut du bien. Venu pour la rassurer, il se fait pressant, si pressant qu'elle se retrouve coincée entre la vitre glacée et lui.

Le train roule lentement. Longues pulsations et résonances du rail gelé, arythmie paroxystique, sorte d'étouffement au passage d'un aiguillage, étouffement et cafouillage, extra-systole dans la cadence. Le Russe est toujours contre elle. Doit-elle crier, le gifler ou bien alors faire la morte comme certains animaux lorsqu'on les attaque? Elle opte pour cette tactique.

Le train s'engage maintenant sur une voie de garage. Ultime soubresaut avant l'arrêt. Grincement pathétique des essieux qu'on va mettre à la torture, et puis soudain, voici une grande échappée de vapeur qui fuse du sol et les enveloppe dans son nuage blanc. Bouffée de chaleur qui dégèle en un rien de temps les entrailles des wagons et qui va permettre aux travailleurs de rentrer en action. Le brouillard est à couper au couteau. Le chanteur en profite et se laisse aller sur Laurence. Il lui attrape le bras et le replie très haut dans son dos. Prise sommaire mais efficace. Elle a trop mal pour crier et elle est trop bien tenue pour se débattre. Il engage sa main libre sous la ceinture du jean et l'enfonce en force entre la chair et le slip. Un sursaut, une plainte. Il remonte un peu plus le bras derrière le dos. Coincée, la petite Française. Vite! Faire vite, profiter de ce nuage de vapeur.

Elle a tout d'abord été écœurée, mais maintenant le choc passé, elle trouve ça plutôt marrant d'être caressée debout dans un couloir de wagon-lit le soir de sa nuit de noces par un autre homme que son « mari ». Si au moins cet imbécile avait eu l'idée d'ôter sa chevalière. Jamais elle n'aurait cru un Soviétique capable d'un tel culot. Elle a beau se dire que ce sont des hommes comme tout le monde, avec les mêmes pulsions, les mêmes envies, elle ne parvient pas à y croire. C'est qu'il faut tout de même une drôle d'indépendance d'esprit pour oser s'en prendre de cette manière à une étrangère.

Elle a très mal au bras à force de vouloir le

reprendre. Elle attend l'éclaircie, le coup de vent libérateur qui va enfin balayer ce nuage de vapeur qui n'en finit pas de monter des rails et des essieux.

Il est là contre elle, l'air détaché comme si de rien n'était, l'effleurant à peine du bout des doigts. Cela n'a rien d'un viol, d'ailleurs n'est-elle pas en partie consentante... C'est à croire qu'il ne la force plus, c'est à se demander ce qu'elle fait là, debout, avec sa main à lui dans son jean à elle. L'oblige-t-il seulement ? Elle n'en est pas certaine. Bon ! Elle va essayer de se dégager. Mais pourquoi ? Personne ne la voit. Personne ne l'oblige. Alors, rester, se faire plus présente, et faire monter jusqu'à sa connaissance ce plaisir trouble qu'elle ressent.

Elle attendait le coup de vent libérateur, le courant d'air qui aurait enfin libéré le nuage, mais c'est le contraire qui vient. Un autre jet de vapeur encore plus puissant, encore plus blanc, encore plus opaque, les enveloppe.

On devine les silhouettes accroupies sous le wagon, les clefs à molette dans les mains gourdes. On entend des coups de marteau, des cris rauques et rageurs qui s'en prennent au gel.

Surprise, la main n'avance plus. Craint-elle une ruse de guerre ? On le dirait. La main sort du jean en même temps que l'homme lui rend son bras.

Un sentiment d'abandon, un manque !

Comment saurait-elle que le chanteur a pris son plaisir ?

Qui est-il ? Où va-t-il ? Elle le voit disparaître et s'enfoncer dans cette blancheur blafarde. Pour un peu, elle l'appellerait !

Il est là, le col relevé, avec *Belle du Seigneur* sous le bras, à battre la semelle sur le quai. Quand il a vu le train partir, il s'est rué une fois de plus vers les officiers et il s'est mis à faire un vrai scandale en disant qu'il allait se plaindre au consulat de France. Il a crié qu'on lui avait fait délibérément rater le train, que ses affaires étaient foutues, que son voyage n'offrait plus aucun intérêt et que c'était la dernière fois qu'il mettait les pieds en Union soviétique.

Pendant qu'il gueulait, la baba était arrivée en traître et l'avait frappé sur la nuque. Oh ! oui, il la bénissait, la baba. Sans elle, il y serait peut-être encore dans cette salle des cœurs perdus. En réalité, le coup de balai avait fait beaucoup plus de peur que de mal. Le reste n'était que comédie de sa part. Il se revoit accroché à leur bureau comme pour se retenir de tomber. Se raccrocher juste ce qu'il faut pour que ce soit spectaculaire, et puis, faire les yeux blancs, et s'affaler en évitant de se blesser. Combien de fois n'avait-il pas fait le coup à Louise lorsqu'elle lui balançait des objets à la tête ? Avec elle, ça ne prenait plus, n'empêche que les Russes s'étaient bien laissé avoir. Pas d'affolement certes, mais une inquiétude, des chuchotements, des apartés, un désaccord certain sur la marche à suivre.

Tout de suite, on le soulève et on l'allonge sur une banquette, on lui tapote les joues, on lui verse de l'eau sur le front et de la vodka dans la bouche.

Inutile d'en faire trop. Il ouvre un œil.

Le civil est agenouillé auprès de lui. D'une voix d'outre-tombe il demande :

« Mon train. Où est mon train ? »

Le civil l'aide à se rasseoir.

« Calmez-vous. Ce n'est rien. Votre train va revenir. »

On lui parle comme à un enfant, alors il répond comme un enfant :

« Et pourquoi qu'il reviendrait mon train. Hein ! Pourquoi qu'il reviendrait quand il est déjà parti. »

Bien que l'étranger se soit assis et, semble-t-il, revenu tout à fait à lui, le civil continue à lui tapoter les joues.

« Mais non, il n'est pas parti votre train. Il va revenir. Il est sur une voie de garage. Là, là, tout va bien à présent. »

Il est là sur le quai à grelotter depuis vingt minutes, et toujours pas de train en vue. Heureusement qu'il n'est pas seul. Tout à l'heure, il a parlé à des Italiens qui étaient en train de se pinter, en buvant à même le goulot d'une bonbonne de chianti. Les Italiens ont confirmé : le train va revenir. Les Italiens sont là, juste à côté, très soûls et très bruyants. Des communistes sans doute...

Il y a aussi sur le quai un couple de jeunes Suisses. Le garçon et la fille sont habillés de cuir noir. Il ne leur manque que le casque et la moto. Ils se tiennent par la main, et ils marchent rapidement pour se réchauffer. Parfois, ils changent de régime et se mettent à courir, c'est tout juste s'ils ne vrombissent pas. Certainement des communistes !...

Il est deux heures quarante du matin et même s'il n'avait pas reçu ce coup de balai, les Soviétiques l'auraient remis au train. Il s'est affolé pour rien. Manque de connaissances, manque d'informations, manque de sang-froid. Ils ont gardé *Sibérie* d'Armand Gatti mais ils lui ont rendu *Belle du Seigneur*, de Cohen. Pourquoi cette confiscation, pourquoi cette restitution ? Il n'en saura jamais rien. Manque de connaissances, manque d'informations.

Il a froid, il a faim. Il a une folle envie d'emboîter le pas aux jeunes Suisses qui courent en zigzaguant entre les colis, mais il n'ose pas. Pour avoir moins faim et moins froid il pense à Laurence. Sûr qu'elle a dû se faire un souci monstre. Il espère au moins qu'on l'aura renseignée, il espère aussi beaucoup de leurs retrouvailles. Il ne rentrera pas dans le détail, il sera mystérieux et laconique. Son rêve : ressembler à Humphrey Bogart, avoir un caractère en acier trempé et un je ne sais quoi d'irrésistible au bout de la cigarette.

Il ira vers elle. Il ne lui laissera aucune chance de poser des questions. Doigt sur les lèvres et sourire énigmatique, il la fera entrer à reculons dans le compartiment; une manière d'être déjà sur elle. Verrouillage instantané, extinction des rampes lumineuses, mise en marche des veilleuses bleutées. Le reste n'est qu'instinct animal et jeux d'adultes. Il espère qu'elle aura pensé à se préparer. Toilette intime à califourchon sur le mini-lavabo repliable, dents brossées, aisselles parfumées, bouche humide. Il espère, mais il ne s'y attend par vraiment. Laurence n'est pas une femme, c'est une fille, c'est-à-dire qu'elle est encore un peu garçon. Ne pas raisonner à propos du corps de Laurence, comme il pourrait raisonner à propos du corps de Louise. Laurence n'est pas « Max-Factorisée », elle est nature, sans préparation, sans artifice. Pourquoi se préparerait-elle pour la nuit, avec des crèmes, des parfums, des déshabillés ? Est-ce que les bébés sentent autre chose que le bébé ? Laurence sent l'adolescence. Aucun parfum, aucune crème de nuit ne réussiront jamais à imiter cette odeur unique.

Une clameur italienne salue l'arrivée du convoi. Tous reculent, sauf lui. Il reste là en équilibre le plus près possible du vide. Il s'était dit : « Si tu as le courage de ne pas bouger d'un pouce, tout ira bien. » Il ne bouge pas, mais c'est tangent. Il se répète : « Ça ira, ça ira », mais il n'en mène pas large. Souffle chaud de la loco. Tremblement du béton. Equilibre perdu et repris aussitôt, grâce à sa tête rejetée vers l'arrière. Le marchepied du premier wagon effleure le revers de son pantalon.

Trois wagons le frôlent ainsi. Petite allure, certes, n'empêche qu'il a tenu bon. Reste à savoir s'il a gagné son pari. Terminé le jeu du toréro. Il s'arc-boute au marchepied du quatrième wagon. En principe, c'est le sien. Le voici sur la plateforme. Il reprend son souffle et se bogartise.

Le couloir. Il avance, superbe, énigmatique. Curieux ! Il ne reconnaît pas les voyageurs, n'aperçoit par Laurence. Quel idiot ! Il s'est trompé de voiture.

Il accélère l'allure, il devient grossier, brutal. Il marche sur des pieds et enfonce des ventres avec ses coudes. Vite, retrouver son wagon, son compartiment, son amour. Il franchit un soufflet, traverse une autre voiture, se retrouve dans un autre soufflet, puis accède à un autre wagon qui n'est toujours pas le sien. C'est la déroute de Bogart.

Panique, sudation du front et des mains. Serait-il monté dans un autre train ? Le doute l'envahit, le submerge. Mais renseigne-toi, idiot. D'accord, d'accord ! Il va le faire. Il s'arrête devant un petit bonhomme tout rose et tout lisse qui tient dans ses bras un bébé fripé. Le geste joint à la parole, il demande :

« Moscou ?

– Da, da. Moscou. »

Rassuré, il s'élance vers l'Est.

Le voici enfin chez lui, en pays connu. Au sortir du soufflet, il tombe sur le diplomate qui revient des toilettes. L'autre fait un petit signe de tête en accrochant ses bretelles. David se retient d'aller vers lui la main tendue, le visage radieux. Il voudrait dire : « Ah ! content de vous voir. Ça fait du bien de vous retrouver. » Il voudrait, mais ne le fait pas. Il se contente de répondre au signe de tête par un autre signe de tête. Il continue son approche et tente de se reprendre, de se rebogartiser à nouveau.

Ses compagnons de voyage sont dans le couloir. Tous là, le nez collé à la vitre faisant semblant de ne pas le voir. Un seul d'entre eux l'observe par en dessous. C'est un grand type très sec, tout voûté, un genre saule pleureur qui chantonne tristement *Plaine, ma plaine*.

Ils sont tous là, mais le couloir est vide car Laurence n'y est pas. Son scénario est donc à refaire. Tant pis, il ne la fera pas entrer à reculons dans leur compartiment. A reculons, une manière d'être déjà sur elle. Pauvre imbécile, arrête avec ta mauvaise humeur, essaie de comprendre. Elle a craqué, mon vieux, elle s'est enfermée avec son chagrin, elle pleure sur toi toutes les larmes de son corps. L'image lui plaît. Il aime quand les femmes pleurent à cause de lui. Excitant, très excitant de consoler un visage qui ruisselle, un corps secoué de sanglots.

Il tourne la poignée et tire. La porte résiste. Bon sang! Elle s'est enfermée. Pourvu qu'elle ne dorme pas. Impossible, comment pourrait-elle dormir, alors qu'elle le sait aux mains de la police. Ah! oui, il est beau, son amour. Ah! oui, elle est réussie, leur nuit de noces. Il est trois heures du matin et il est là comme un imbécile à essayer de rentrer chez lui sans même savoir si sa femme l'attend les bras ouverts ou fermés. Il ne se résigne pas à frapper. Frapper à sa propre porte devant les voisins, c'est comme de faire le mur devant ses gardiens, c'est ridicule, et on se fait avoir de toute façon. Les voisins, ils ont le nez collé à la vitre givrée, sans pour autant avoir leurs yeux dans la poche, mine de rien, ils observent l'étranger et enregistrent ses hésitations. Pas question de lui adresser la parole. On ne parle pas à un homme que la police a gardé deux heures dans ses bureaux. Relâché, peut-être, mais arrêté pourquoi? En U.R.S.S. comme ailleurs, il n'y a pas de fumée sans feu.

Hoquet du convoi. Le train démarre en saccades comme à regret, comme si les roues ne parvenaient pas à s'arracher des rails. Grincements, gémissements. Roulis de la voiture et souffrance des essieux qui appréhendent les intervalles.

David met à profit la diversion sonore, l'escalade du rythme. C'est d'abord deux petits coups discrets frappés avec la seule phalange de l'index. Trop discrets sans doute pour être perçus de l'intérieur d'un compartiment lui-même soumis au vacarme du roulement. C'est ensuite plusieurs coups donnés très vite avec l'index et le médius réunis en une seule force de frappe. Et puis, comme cela ne donne rien, c'est maintenant tout le poing qui se met à marteler la porte.

Enfin, une voix assez affolée qui se manifeste derrière la cloison :

« Oui ! qu'est-ce que c'est ?... qui est-ce ?

– C'est moi. David. Ouvre-moi. »

Ah ! comme il se trouve bête en disant cette phrase qui lui rappelle le sketch de Fernand Raynaud : « Qui c'est ?... C'est le plombier. »

Enfin la porte s'entrouvre. Il s'y engouffre. Fini Bogart, terminé la Sierra Madre, adieu Faucon Maltais. A peine a-t-elle ouvert qu'elle se rejette sur sa couchette. Non seulement elle ne s'est pas préparée pour la nuit, mais on dirait au contraire qu'elle s'est habillée comme pour traverser les steppes. Elle est là, recroquevillée, toute fragile et toute frileuse malgré sa grosse veste matelassée et son béret de laine.

Lumière bleutée de la veilleuse qui ne permet pas de retrouver les sentiments. Sans prendre de risques il dit :

« Ça va ? »

Elle repousse comme à regret ses jambes pour lui laisser un peu de place. Il s'assied à ses pieds et envoie valdinguer *Belle du Seigneur* sur la couchette supérieure. Il répète :

« Ça va ? »

Sans la regarder, elle répond :

« Pourquoi tu me demandes ça ? »

En la regardant, il dit :

« Pour savoir.

– Pour savoir quoi ? »

Il n'en revient pas. C'est exactement de cette façon-là que sa femme Louise fait monter les scènes.

Bon ! mon gars. Tu sais ce qu'il te reste à faire : dédramatiser, détruire immédiatement ce mauvais climat.

Il prend la main de Laurence et lui embrasse le poignet. Les lèvres en font le tour comme un bracelet humide. Elle n'a pas repris sa main.

Il se voulait mystérieux, énigmatique, mais il dit :

« Tu sais, j'ai eu très peur. J'ai cru qu'ils allaient me garder. »

Il voudrait l'entendre dire : « Moi aussi, tu sais, j'ai eu peur. Je devenais folle à t'attendre sans rien savoir. »

Rien. Pas un mot. Il est vexé, meurtri, mais il poursuit :

« Je n'arrêtais pas de penser à toi. Je me disais que le train allait partir et que nous allions être séparés pour la vie. Atroce, non ? »

Il embrasse encore le poignet si frêle, puis le retourne et laisse aller sa langue sur la paume. Aucune réaction. Que se passe-t-il ? Tout à l'heure, c'était la passion, maintenant, c'est l'indifférence. Il veut savoir, il veut comprendre. D'un geste de dépit il rejette la main et se lève. Il s'apprête à crier, pour enfiévrer le climat. Mieux vaut en effet une situation chaude qu'une situation gelée. Trop tard. Elle se redresse et le court-circuite :

« Tu ne vas pas commencer à me faire une scène. Arrête. Regarde les choses en face. »

Il s'arrête et regarde. En face de lui il y a la cloison, et derrière la cloison, encore et toujours une autre cloison. Elle regrette sa phrase et l'appelle :

« Viens, assieds-toi. »

Il n'attendait que ça. Il s'assied.

« Il ne faut pas m'en vouloir, mais comprends-moi. Bien sûr que tu m'as manqué, bien sûr que je me suis inquiétée, mais tu vois, d'un autre côté, de me retrouver seule, eh bien, ça m'a permis de... »

Elle cherche une contenance et le mot juste; fait craquer l'un de ses doigts et reprend :

« ... de me dédroguer. »

Il veut parler à son tour. Elle l'en empêche en posant un doigt sur ses lèvres et poursuit :

« Tu comprends, David, il y a aussi autre chose, moi je ne peux pas coucher comme ça. Bien sûr que tu me plais, bien sûr que tu m'attires, mais coucher aussi vite avec quelqu'un que je connais à peine, non. Ça n'est pas possible, je suis bloquée, tu comprends. Dis, tu le comprends, n'est-ce pas ? »

Bien sûr qu'il comprend, mais ce qu'il entend surtout, c'est la merveilleuse sonorité de cette phrase comme : « Bien sûr que tu me plais, bien sûr que tu m'attires. » Oui, c'est beaucoup moins grave qu'il ne le croyait. Normal qu'elle soit en crise. Normal, tout ce qu'il y a de plus normal. Il faut la rassurer, y aller à fond dans la tendresse, se montrer généreux, compréhensif, pas pressé. Tout miser sur la décontraction, se faire passer pour le type sur lequel on peut compter dans n'importe quelle circonstance.

D'abord, ôter son propre manteau et lui faire enlever cette veste chinoise qui sent la fibre synthétique et contre laquelle il n'est pas bon de se frotter. D'un ton détaché de toutes les contingences sexuelles, il lance :

« Ecoute, Laurence, je te propose un corps à corps fraternel. On enlève nos manteaux et on dort tout habillés l'un contre l'autre. OK?

– OK. »

Elle a une voix de petite sœur qui répond à son grand frère. La veste molletonnée et le pardessus atterrissent sur la tablette du lavabo.

« Je te fais remarquer que je n'enlève même pas mes chaussures.

– Et moi, je peux?

– Toi! mais c'est déjà fait. »

C'est vrai, elle n'avait pas remarqué. Elle dit :

« Tu dois me trouver bête.

– Très bête, oui. »

Elle pousse un petit grognement et se tourne vers la cloison qu'elle semble pousser du genou. Il en profite pour se vaporiser d'eau de toilette puis s'allonge très vite auprès d'elle. Il est en polo et en pantalon, mais il est aussi en émotion. Il le cache, n'empêche que son cœur bat très fort dans sa poitrine. Il allonge son bras sous elle. Plus exactement, il s'arrange pour que sa tête à elle repose dans la saillie de son coude à lui.

Ils sont maintenant l'un contre l'autre, en chien de fusil, son dos à elle contre sa poitrine à lui. Les jambes se sont frôlées, reconnues, puis elles se sont rapprochées. A présent, elles sont entrecroisées. Bon, d'abord dégager les cheveux qui lui chatouillent les lèvres et puis lui embrasser la nuque. L'autre main est posée sur le ventre. Elle reste immobile; elle attend, cette main d'homme, qu'une main de femme la prenne et la fasse glisser plus bas vers la braguette du jean. C'est fou ce qu'une main peut avoir d'entêtement lorsqu'il s'agit de forcer la volonté d'une autre main, mais c'est aussi fou ce qu'une main peut avoir de volonté lorsqu'il s'agit de faire le mort. David pense que sa main est irrésistible. Il est persuadé de provoquer une réaction en la laissant ainsi à l'arrêt sur le nombril de Laurence. La main de David se trompe. Il a beau embrasser la nuque et faire déborder de tendresse les doigts de son autre main qui sont enchevêtrés dans ses doigts à elle, rien ni personne ne vient au secours de la main qui voudrait descendre et qui pourrait sans doute y arriver toute seule si ce n'était cet entêtement aussi stupide que vaniteux. Mais comment pourrait-elle savoir, cette main, qu'elle a été prise de vitesse par la main d'un Soviétique qui s'amuse à prendre en traître sur sa frontière les jeunes filles étrangères ?

Laurence éprouve un curieux sentiment. Cette main posée sur son ventre, elle la ressent comme une provocation. A croire que David a deviné, à moins qu'il n'ait été averti par quelque passager spécialiste de la délation. Le diplomate ? Pas impossible. Il est partout, celui-là. Le contrôleur ? Tout à fait possible.

Elle sent David qui la hume, qui se pénètre d'elle. Pression des doigts, des genoux, des cuisses. Il la presse, il l'enserre des jambes et des bras. Elle a l'impression d'être coincée dans les mâchoires d'un étau mais elle a aussi la certitude qu'il est en train de la grignoter et qu'il pourrait parvenir à arracher la décision. Elle lui en veut de ne pas respecter sa parole. D'accord, c'est elle qui a rompu la première en revenant sur la nuit de noces acquise à Varsovie. Elle trouve quand même qu'il abuse de la situation. Pour se dégager de l'étau, elle dit :

« Je trouve que tu exagères. Si on dormait plutôt ? »

Oh ! le mot terrible. L'étau se desserre si vite qu'elle croit tomber. Il se lève agacé et réplique :

« En amour, rien n'est exagéré, d'ailleurs c'est toi qui exagères. Regarde. Je suis tout habillé. Tu es tout habillée. Je ne te caresse pas. Je ne te fais pas l'amour. Alors, qu'est-ce que tu veux de moins ? Dors, ça n'est pas moi qui t'en empêche.

– Si, c'est toi. Tu n'arrêtes pas de gigoter. »

Pas facile de savoir si elle plaisante ou si elle est sérieuse. Il opte pour la seconde hypothèse :

« Qu'est-ce que tu attends ? Que je reste de bois contre toi ? Ça arrivera bien assez vite, tu sais ! »

La réponse ne se fait pas attendre :

« Oh ! Je t'en prie. On n'est pas mariés ! »

Ça y est ! C'est parti. Le ton monte, l'amour baisse. Il lance :

« D'accord, la nuit de noces, c'était un jeu. On devait s'aimer jusqu'au bout du voyage, faire comme si on était libres, faire comme si personne d'autre que nous deux n'existait. Rappelle-toi, on devait vivre onze jours de sublimation totale et puis quoi ? D'un seul coup, tout craque, tout s'écroule, tout fout le camp. »

Elle veut l'interrompre mais il ne l'écoute pas. C'est plus fort que lui, il continue à foncer tête baissée.

« Enfin, quoi ! D'accord, c'était un jeu mais pour l'imaginer, ce jeu, pour le pousser aussi loin, il nous fallait avoir en nous autre chose que de l'ennui. Enfin, tu le sais bien, on ne s'est pas mis à jouer pour le plaisir de jouer. Il y a eu l'attirance, un intérêt réciproque, un coup de foudre, une amitié, une compréhension totale, quoi ! »

Il se lève, s'adosse à la fenêtre. Il sursaute. Quelque chose lui pique le dos. C'est le bouquet de houx suspendu à la poignée. Piqué au propre comme au figuré, il reprend :

« Enfin, rappelle-toi. Ton cri en pleine nuit. Moi qui arrive chez toi. Toi qui m'ouvres. Moi qui te parle. Toi qui te confies... Et tes pleurs, ma tendresse! Dis, qu'est-ce que tu en fais? C'était tout de même pas un jeu, ça! »

Impossible de rester dans son coin sans réagir à de tels accents. Il a raison. Il est bien, il est beaucoup mieux qu'elle.

Elle prend appui contre la cloison et le regarde. Un craquement de jointure, puis un autre. Elle se sent malheureuse, très malheureuse. Elle a envie de lui raconter ce qui s'est passé dans le couloir avec le Russe. C'est sa faute après tout, il n'avait pas à faire le malin. Une signature, rien qu'une petite signature au bas de l'imprimé, et puis tout s'arrangeait. Le civil et l'officier s'en seraient allés vers d'autres suspects, vers d'autres livres maudits. Quant à eux, ils auraient continué leur jeu : « Est-ce que vous vivriez à Brest-Litovsk avec moi? » Elle aurait certainement répondu oui.

Ils sont là silencieux dans le clair-obscur de ce wagon russe. Elle, assise sur sa couchette. Lui, debout, adossé à la porte. C'est à elle de répondre, à elle d'éteindre ou d'enflammer, à elle de dire si elle continue le jeu ou si elle l'arrête. Il est là devant elle, à la fois chat et bulldozer. Chat par le regard, bulldozer par la force qu'il dégage. Finalement, il lui arrache le geste et la parole.

Elle tend la main vers lui et l'appelle.

« Viens. »

Le bulldozer tombe en panne. C'est le chat qui s'approche. Elle ajoute :

« Recouche-toi. Viens. Il est tard. »

Qu'est-ce qu'elle entend par « il est tard » ? Qui donc est fatigué ici ? Qui donc en a marre de l'autre ? Quel con : il était prêt à continuer la guerre mais voilà qu'elle se blottit contre lui. Elle est chaude et profonde, très proche, très présente, très sincère. Mais attention à ce qu'elle va dire. Cela risque d'être mal pris :

« Ecoute... C'est difficile de t'expliquer... »

Il écoute en lui caressant les cheveux, il est plus calme mais pas forcément prêt à tout. Elle reprend :

« Ecoute... Je préférerais attendre Moscou pour faire l'amour. »

Pas de réaction apparente chez David. Les mains n'ont pas cessé de caresser les cheveux. Tenir bon. Faire l'indifférent, ne pas montrer qu'il en crève.

Elle continue, elle voudrait le savoir heureux :

« Je te le promets. Je t'aime, tu sais. C'est vrai que je t'aime. »

David n'en attendait pas tant. Cette façon de lui dire qu'elle l'aime le fait craquer. Tenir coûte que coûte, juguler l'émotion, juste murmurer quelque chose pour la forme. Il dit :

« Moi aussi, je t'aime. »

Il veut lui soulever le visage pour l'embrasser mais elle préfère laisser sa tête à l'abandon contre sa poitrine. Elle dit :

« Tu sais que j'entends ton cœur. C'est fou ce qu'il bat fort.

— Moi ! Mon cœur, sûrement pas. »

Ça le gêne qu'on écoute son cœur. Il craint

qu'elle perçoive aussi les gargouillis de son estomac. Il se détache d'elle.

« Non. Je ne veux pas que tu m'espionnes comme ça. C'est illégal. »

Elle se laisse aller sur le dos et l'attire dans sa chute. D'une voix où perce la satisfaction, il déclare :

« A Moscou, tu ne m'échapperas pas. Nous y serons au début de l'après-midi. Le temps de prendre un taxi et en route pour le Metropol. »

Bon, peut-être faudrait-il ponctuer ce qu'il vient de dire par une série de baisers furtifs donnés à part égale aux lèvres, au nez, au yeux, au front. Type de baisers anodins mais malgré tout assez tendres. Baisers derrière lesquels se cache pourtant une vraie ferveur. Baisers de joueur condamné encore à bluffer quelque temps. Baisers qui se veulent désinvoltes comme celui qui les prodigue mais aussi baisers de mise en garde. Baisers qui veulent dire : « Attention, je peux m'arrêter de t'aimer quand je le veux. »

Point trop n'en faut. Une rapide traction des bras et voici qu'il se retrouve en position de la dominer. D'un ton qui se veut taquin, il dit :

« Dans quelle chambre allons-nous aller? La tienne ou la mienne? »

Ça la gêne d'être ainsi dominée. Elle l'attrape par le coude et le fait tomber sur elle :

« Dans la tienne. Comme ça, si tu n'es pas gentil, je pourrai rentrer chez moi. »

Ils sont joue contre joue, œil dans œil. Si près l'un de l'autre que les visages en sont déformés. Il murmure :

« Tu as raison. Je ne suis pas certain d'être si gentil que ça! »

En attendant d'y être dans cette chambre, ils s'enlacent. Jambes croisées, mains liées, haleines confondues. Ils restent un moment ainsi sans rien dire, tout au plaisir d'être enfin d'accord. Plus de pression des doigts ni de mouvements désordonnés.

C'est elle qui s'endort la première. Il voudrait faire entrer sa propre respiration dans la sienne. Respirer ensemble comme on marche au pas à l'unisson dans la même cadence. Impossible. Elle a le souffle plus long et plus régulier que le sien. Il est contrarié de ne pas y parvenir. Ça n'est pourtant pas faute d'essayer. Oh ! non, il s'entête même jusqu'à l'étouffement. Stupide d'être superstitieux à ce point. Il s'était dit : « Si je parviens à respirer au même rythme qu'elle, notre amour sera une réussite. Pour l'instant c'est un échec. »

Tant pis, il abandonne et décide de s'en remettre au destin. Avant de s'endormir, il a une pensée pour le champagne acheté à Varsovie. Il en boirait bien un verre mais il a peur que le bruit du bouchon ne la réveille. De toute façon, le champagne doit être trop chaud. Il le mettra au frais à Moscou.

CHAPITRE VII

Moscou sous la neige. Moscou qui n'en finit pas de s'étirer. Moscou qui défile avec ses isbas magiques et ses H.L.M. vénéneux. Moscou la géante, l'imprenable. Moscou fourmilière avec ses dix millions de piétons qui grouillent, qui se répandent le long des rues comme si la ruche avait encaissé un formidable coup de pied. Le noir domine. Chapkas noires, manteaux noirs, bottes noires. Même le gris sur la neige paraît noir. Vent glacial. Moscou sous moins vingt degrés.

A l'arrière de la limousine noire qui les conduit à leur hôtel, David et Laurence se taisent. Pas le temps ni l'envie d'échanger des impressions. L'un et l'autre subissent l'influence de la ville la plus mystérieuse et la plus cafardeuse du monde.

Un guide de l'Intourist les attendait à la descente du train. Après avoir contrôlé les tickets d'hôtel, il s'est chargé des bagages et de leur transport. Chaque étranger en visite dans la capitale a droit à son guide et à sa limousine, excepté, bien entendu, les congressistes qui voyagent en groupe, et que l'on achemine en car jusqu'à leur lieu d'hébergement.

Le guide est monté près du chauffeur. Conversation de routine. Rien d'intéressant, rien de passionnel. Chauffeur et guide, eux aussi, sont vêtus de sombre. Peau grise, paupières rougies, mains gercées; une parfaite indifférence envers les deux étrangers dont l'œil, parfois, revient du dehors pour se poser sur leur nuque. Ça n'est pas parce que les yeux sont déçus qu'ils reviennent à l'intérieur de la limousine. Non. Ils reviennent pour s'y croiser, pour se dire leur surprise. Surprise de trouver tant de voitures particulières et d'entendre klaxonner à tout va. Surprise de happer au passage un skieur de fond ou de découvrir des jeunes gens aux cheveux longs. Surprise de surprendre une marchande de glace aussi frigorifiée que ses cornets, ou un gros chien tout poilu qui fait ses besoins en plein trottoir comme à Paris. Surprise de ne pas voir des queues devant chaque magasin, surprise de rencontrer un Kirghiz suivi de toute une ribambelle d'enfants kirghiz.

Plus la limousine se rapproche de l'hôtel, plus David se détend. Plus rien ne pourra venir contrecarrer leur projet. Il est assez content de lui, il touche au but. Dans moins d'une demi-heure ils seront seuls au monde. Vivre sa nuit de noces à trois heures de l'après-midi à Moscou la Rouge. Oui ! franchement, il trouve la situation très originale.

Ce matin, ils se sont levés vers dix heures. Pas de problème de pudeur puisqu'ils étaient tous deux habillés. Quand même ! Dormir avec une femme sans la toucher, en gardant pantalon, tee-shirt et souliers, même un collégien ne l'aurait pas fait.

Il s'est réveillé le premier. Il avait en effet dans l'idée de se brosser les dents avant elle, voire même, à condition qu'elle fût tournée vers la cloison, d'entreprendre sa toilette. Il aurait aimé, à son réveil, la surprendre de toute sa fraîcheur, mais le réveil ne s'était pas déroulé comme prévu. A peine a-t-il posé les pieds à terre qu'elle se sent comme volée. Elle a l'impression qu'on vient de lui enlever quelque chose d'important, la sensation désagréable d'être lésée. Elle tend les bras vers le vide et le rattrape. « Ah ! C'était donc lui. »

« Où vas-tu ? Quelle heure est-il ?

– Dix heures. Rendors-toi, on a le temps. »

Il lui parle en regardant le plafonnier, de sorte qu'elle ne soit pas atteinte par son haleine de la nuit. Elle pose la tête sur ses genoux qui disparaissent sous le flot des cheveux. D'une voix un peu enrouée, elle dit :

« Tu sais... eh bien ! cette nuit je n'ai pas eu mon sale rêve. »

Elle reprend son visage, rejette sa chevelure en arrière et l'observe.

« C'est tout l'effet que ça te fait ? »

Bien sûr que non. Cet aveu le réconforte. Ah ! Comme il aimerait se pencher vers elle et lui prendre les lèvres en forçant avec sa langue ! Mal à l'aise, il dit :

« Ecoute, je vais voir si je trouve deux thés qui voudraient bien se laisser boire. »

A contrecœur, il se dégage et dit :

« Profites-en pour faire ta toilette. Je te laisse seule au moins dix minutes. »

Surprise, elle répond :

« Mais tu ne me gênes pas. »

Il sort en lui jetant un baiser qu'elle devrait

rattraper au vol. Ce baiser-là n'a pas d'odeur. Il est anodin et fade, mais c'est pour David une bonne façon de se tirer de la promiscuité. Surtout ne pas dépasser les frontières bourgeoises de l'intimité. Passer outre les caprices de l'organisme sous prétexte de cultiver le naturel, c'est risquer de faire basculer l'amour sur l'étal du charcutier entre le saucisson à l'ail et l'andouillette. Bien sûr, il sait pour l'avoir pratiqué et vérifié maintes fois qu'en amour rien n'est sale. Ce qu'il redoute, ça n'est pas l'extraordinaire mélange des corps et des genres, mais c'est l'avant et l'après-amour. L'avant et l'après, c'est-à-dire le couple qui passe au bidet et au lavabo avec une espèce de candeur qui ressemble trop à de l'impudeur. Il est pour le mystère, pour la préparation secrète, pour que chacun trouve en soi et par rapport à l'autre la juste mesure qui précède ou qui suit la géniale démesure des sens.

Il est revenu avec deux thés et un paquet de gâteaux secs. Elle s'était coiffée et sans doute lavée. Se sachant purifié par la boisson chaude avalée à la hâte, il ose maintenant l'embrasser. Sa langue se risque même à courir quelque peu d'une commissure à l'autre. Très vite pourtant il revient à son obsession :

« Bon. A toi de sortir. »

Elle sort. Comme elle redoute de tomber sur le chanteur, elle se presse, aveugle, vers les toilettes. La queue. Rien d'autre à faire que de prendre la file. Encore une chance que le chanteur n'y soit pas. Rassurée, elle laisse aller ses yeux vers le paysage russe. Tout est blanc et cotonneux, lourd et endormi. Un écran de bouleaux à l'orée d'une forêt qui paraît pétrifiée. Deux grands oiseaux noirs qui volent au ralenti. Une isba désertée derrière sa barrière ouvragée, des fenêtres à doubles vitres, une porte grise et des volets bleus. Plus loin, un hangar pour lilliputien, et sous le hangar, un âne vautré dans la paille. Ah! voici d'autres isbas rattachées au ciel de plomb par leurs fumées qui stagnent au ras des bordures de toits ajourés. Chaque isba a son enclos, son appentis à bois, son hangar à fourrage, son écurie ou son étable. Tout existe, oui, mais tout est minuscule. Principe de l'igloo. Réduire au maximum la superficie habitable et puis s'entasser au coude à coude. Faire front à plusieurs contre le froid unique. Sur le pas d'une porte, des enfants matelassés qui agitent les bras vers le grand train. Plus loin, un homme à skis, et derrière l'homme un chien qui a un mal de chien à s'extirper de cette neige. A la sortie du village, un lac gelé, et sur la glace des hockeyeurs casqués qui poursuivent un palet avec cette sorte de brutalité gracieuse que seuls possèdent les patineurs de force.

Perdue dans sa contemplation, Laurence laisse passer son tour. Il y a maintenant beaucoup de monde derrière elle, et parmi ce monde pressé d'envies, le grand saule pleureur, mais oui soi-même, très mal réveillé, et encore plus voûté que la veille. Expression d'ironie qui la rend mal à l'aise. Coup d'œil complice, geste qui se veut familier, mais qu'elle ressent comme obscène. Se détourner, c'est montrer sa faiblesse. Alors elle fait front et lui lance à la tête ses yeux bleus qu'il reçoit comme un soleil. Ebloui, le saule pleureur. Stupéfait, le peloteur. Il quitte la queue et disparaît dans l'autre wagon. Franchement, elle ne se savait pas un tel pouvoir. David y est-il pour quelque chose? Elle se pose la question mais ne sait pas y répondre.

De la limousine, brusquement, le même coup au cœur. Ils aperçoivent la place Rouge, et les coupoles du Kremlin enneigées. Au loin dans la perspective des tours, un haut fourneau qui crache sa tornade de fumée brune. Pas d'envol de pigeons sur la place Rouge ni de vieillards gagas pour les nourrir de graines et d'affection, mais des corbeaux affamés qui tournoient dans un charivari de croassements lugubres. Superbe et angoissante cette place Rouge avec son serpent humain qui bat la semelle devant l'Eternel, attendant, minute sacrée, d'être reçu par les dieux embaumés. La place Rouge en hiver, découverte frileusement de l'intérieur d'une voiture qui les mène à la chambre de leurs noces. Image fugace et saisissante. Mais bien plus saisissante encore est pour David l'apparition de l'hôtel Metropol.

Longue file de limousines. Va-et-vient des chauffeurs et des clients. Le monde entier s'est donné rendez-vous devant l'hôtel. Africains, Asiatiques, Latins, Sud-Américains, mais aussi ethnies insoupçonnées de l'Occidental, à croire que le communisme fait surgir de l'ombre de nouvelles races d'hommes.

Brouhaha chaleureux des délégations étrangères. Silence solennel d'un groupe d'Uzbeks en tenue folklorique, et qui semblent dépassés par le temps qui court sur le cadran de leur montre toute neuve. Tiens, voici peut-être une femme iakoute et son nourrisson sibérien, à moins que ce ne soit une Bouriate accroupie en plein bureau de change et qui, naturelle, sort son sein dur et tanné de dessous ses innombrables oripeaux. Flash immédiat d'un appareil photo. Il faut dire que cette mère, allaitant entre une affiche du Diner's Club et le tableau de change où s'inscrit le cours des monnaies, mérite la curiosité.

Affairée mais sans cesse en alerte, toujours cette même race d'hommes en longs manteaux et chapkas noires. Interprètes de l'Intourist mais aussi policiers sur les bords et même parfois en profondeur. Mais ce qui frappe surtout dans un hôtel soviétique ce sont toutes ces nombreuses babas en blouse blanche qui traînent leurs grosses jambes, en poussant balais et pelles, surveillant l'insurveillable, ou donnant à des inférieurs des ordres absurdes qui justifient leur présence. En réalité ces babas, qu'elles soient gardiennes d'étage ou préposées au nettoyage, ont une fonction extrêmement précise, celle de couper les ailes à tous ceux qui auraient tendance à prendre leur envol en marge d'une liberté contrôlée ou d'une fantaisie inconnue.

Précédés de leur guide, David et Laurence traversent le hall en étant quelque peu bousculés par des épaules mais aussi quelque peu surpris par des coutumes locales sur lesquelles l'étranger peut s'ébahir à loisir.

Juste en face de la réception il y a un restaurant. Devant la porte un vieux gardien chamarré et bardé de décorations qui en interdit l'accès à un couple d'Américains. Pour y entrer point n'est besoin de montrer patte blanche, mais un ticket de réservation. L'Américain gueule. Accent du

Texas et pantalon à carreaux. Une ressemblance certaine avec Jerry, le neveu de M. Hertz, note David. Enervement, incompréhension des idiomes, mais aussi le tintamarre entraînant d'une valse de Vienne cuisinée à la sauce moscovite qui inonde l'hôtel Metropol et ses environs, sans pour autant, semble-t-il, adoucir les mœurs.

Derrière les bureaux de la réception, une dizaine de femmes, blouses roses et cheveux blonds, qui font semblant d'être concentrées sur leurs bouliers ou leurs machines à écrire. Mouvement des boules qui se divisent ou se multiplient au gré d'une mathématique magique. Frappe molle des doigts gourds aux ongles trop rouges sur des touches dont le caractère n'est pas facile à définir.

Coup d'œil entre David et Laurence. « Faire comme si on ne se connaissait pas », avait conseillé David, pressentant que l'union libre manquerait de partisans du côté de l'Administration. Rien de plus facile que de s'ignorer. Chacun d'eux, en effet, possède son passeport et son carnet de bons en tout genre délivré par les bureaux parisiens de l'Intourist.

Complicité grisante d'une rupture librement consentie. Ils se présentent néanmoins ensemble devant deux employées qui se ressemblent comme des sœurs.

Vérification des passeports. Dépouillement minutieux des titres de transport et d'hébergement. Lui est examiné avec méfiance. Elle avec bienveillance. Autres papiers à remplir, autres signatures à apposer. Pour la millième fois peut-être depuis qu'il est né il écrit dans la case Lieu de naissance : « Bois-Colombes, Seine. » A l'époque, c'était la Seine. Maintenant, il ignore si Bois-Colombes se trouve dans les Yvelines, le Val-de-Marne, le Val-d'Oise ou les Hauts-de-Seine. En fait, il aurait préféré naître à Paris. Bois-Colombes, ça fait banlieusard et compliqué.

Laurence touche enfin sa clef. Chambre 802, cinquième étage. En URSS, il n'y a pas de rapport absolu entre le numéro de chambre et l'étage. Elle s'arrange pour qu'il aperçoive le numéro du porte-clef et va vers l'ascenseur.

L'ascenseur s'arrache, emportant Laurence et laissant David avec un mauvais pressentiment. Rien d'anormal pourtant au niveau de la demoiselle qui remplit et tamponne la fiche de l'étranger. Cette fille est tout simplement d'une lenteur extraordinaire. On dirait qu'elle pose sa réflexion devant les caractères qu'elle pourrait éventuellement écrire, comme si l'enjeu d'une consonne ou d'une voyelle était aussi capital que de prendre une décision sur la peine du même nom. C'est vrai, David se sent condamné à mort à chacune des lettres formées. Stoïque, il attend que la jeune femme ait terminé de l'enregistrer. Derrière lui un groupe d'Africains s'impatiente. Ils arrivent de Luanda en chemisettes à fleurs. Le froid les a saisis à leur descente d'avion. Ils en tremblent encore.

L'employée de la réception appose un dernier cachet sur le dernier des formulaires et glisse le tout au ralenti dans le passeport qu'elle remet à David. Agrafée à la pochette de cuir, cadeau de Noël offert par sa fille Véronique, une languette de papier kraft sur laquelle est inscrit son numéro de chambre : 603, troisième étage.

Une phrase en russe qui doit signifier : « C'est

terminé, vous pouvez monter », et David est littéralement projeté de côté sous l'effet de la poussée africaine. Il se rebiffe et tend la main vers le tableau où sont accrochées les clef.

« Niet. Niet! »

Geste évasif de l'employée submergée dans le même temps par le rush angolais.

Vite, l'ascenseur. D'abord monter au cinquième et laisser à Laurence le numéro de sa chambre. Ensuite, prendre un bain, commander une collation et l'attendre. Rien que d'y penser, il en attrape chaud au cœur et au ventre. Envolé le mauvais pressentiment, dissipée cette impression de malaise ressentie à la réception.

Cinquième étage. Couloir gigantesque. Deux grosses babas en blouse blanche assises devant un samovar et qui ont pour fonction d'opérer un cloisonnement étanche entre chaque étage, se lèvent en l'apercevant.

A peine surgit-il de l'ascenseur qu'il est invité à se présenter devant les matrones. Il sait pour en avoir fait l'expérience à la gare centrale de Brest-Litovsk que mieux vaut obtempérer.

Demande des papiers et vérification de l'identité du voyageur sur la liste des clients de l'étage. Pas de Feyder, ici. David est donc prié de regagner le sien. Il décide de jouer le charme. S'engage alors entre l'étranger et les babas un étonnant dialogue de sourds où l'un tente d'expliquer ce à quoi il voudrait parvenir et les autres de dire non à tout, car il est plus simple de dire non en bloc que d'essayer de comprendre une situation qui les amènerait forcément à tourner le règlement. David se rend compte qu'il ne gagnera ni par le charme ni par la persuasion. Mieux vaut abandonner et tenter de joindre Laurence, de sa chambre, par téléphone. Mais encore faudrait-il que le téléphone fonctionne. Il redoute l'éventualité d'une installation défectueuse, il se voit mal attendre au rez-de-chaussée qu'elle descende le rejoindre. Et pour quoi faire, pour aller où? Au mieux pour échouer lamentablement dans un recoin sombre du hall et remettre au lendemain soir la nuit de noces promise déjà la veille. Demain soir, ils seront dans le transsibérien quelque part entre Kirov et Perm. Au pire, bien sûr, il attendra. Mais David ne se résout pas au pire. A défaut de la voir, il doit au moins lui faire savoir dans quelle chambre il est, à quel étage, et dans quel état. Vite! Griffonner quelques lignes et insister auprès des matrones pour que ce mot lui soit porté. Les bougresses ont compris. Miracle, elles ne sont pas contre.

« Da... Da. »

Il pose un billet sur l'enveloppe. Elles protestent.

« Niet. Niet! »

Il reprend ses roubles et s'excuse. Elles le poussent sans ménagement dans l'ascenseur. Leurs blouses blanches sentent la naphtaline, l'ascenseur aussi.

Au troisième étage, il est intercepté par deux autres babas déjà prévenues par celles du cinquième. Même visage, même odeur, même corpulence, même méfiance. Après avoir vérifié qu'il s'agissait bien là d'un de leurs « clients », l'une d'elles aux bras de lavandière et aux cuisses de catcheuse, lui fait signe de le suivre. Longue marche dans d'interminables couloirs souvent coudés en tuyau de poêle et qui sentent eux aussi cette odeur de naphtaline, parfum qui n'a pas son pareil pour tuer les rêves. Bras de lavandière, cuisses de catcheuse, mais aussi démarche d'ourse et caractère de cochon. Elle n'apprécie pas quand David, impatient, tente de la doubler.

« Zaprechteno ! (Défendu !)

– O.K., O.K. »

Il s'efforce de mettre ses pas dans les empreintes de celle qui le précède. C'est un jeu qu'il pratiquait lorsque enfant il suivait les laboureurs. Il se disait : « Si j'arrive à tenir jusqu'au bout du sillon, ça veut dire que moi aussi, un jour, je serai un grand laboureur. » Aujourd'hui, il s'agit d'un autre objectif mais de la même superstition. La terre est devenue moquette et les amours ont remplacé les labours. Il se dit : « Si j'arrive à marcher ainsi jusqu'à ma chambre dans les pas de cette bonne femme, cela prouvera que Laurence peut venir m'y rejoindre. » Oui, Laurence aura peut-être plus de chance que lui. Entre femmes, sait-on jamais ?

On emprunte le dernier tronçon de couloir. 613... 611... 609... Gagné ! Il n'a pas trébuché une seule fois. 603... Enfin voici sa chambre.

La baba s'arrête et lui montre que la clef est sur la porte. Curieux sourire de la bonne femme.

« Privietsvouyou vass. (Bon séjour). »

Il reste devant sa chambre quelques secondes à la regarder s'éloigner. Il éprouve une sensation bizarre, comme une gêne dans la gorge, comme un pincement à la naissance du nez. Sans doute de la naphtaline, pense-t-il. Vite ! Fuir cette odeur. Entrer et ouvrir en grand la fenêtre, respirer à pleins poumons l'air des toundras...

CHAPITRE VIII

Il est neuf heures du matin et la neige tombe sur Moscou depuis cinq jours. Une grosse limousine Ziss, moteur en marche, est rangée devant l'hôtel. A l'arrière, assis sur la même banquette, David et Louise encore plus éloignés qu'à Paris. Mais Louise ne semble pas s'en apercevoir. Elle a pris la main de David et l'a posée sur ses genoux. La main est muette et les genoux fermés.

A l'avant, un chauffeur somnolent et un employé de l'Intourist enrhumé et nerveux dont les yeux vont du cadran de sa montre à l'entrée de l'hôtel. Dans quelques instants il devra aller s'informer à la réception des raisons de l'absence du troisième passager qui figure sur sa liste. Il râle. Rien n'est pire pour le rhume que de passer du tiède au glacial d'autant que le Metropol est surchauffé. Dans cinq minutes, il devra descendre. Pas question de faire attendre le transsibérien « Rossiya », numéro vingt et un, destination Vladivostok, départ à dix heures dix. Il faut environ vingt-cinq minutes pour aller jusqu'à la gare centrale, mais en U.R.S.S. comme ailleurs, il faut compter avec les impondérables. Déceler l'impondérable, évaluer et prévoir les circonstances imprévisibles n'est évidemment pas à la portée du commun des mortels. David, ce matin, en sait quelque chose.

Il était entré dans sa chambre avec l'idée d'aller jusqu'à la fenêtre pour y respirer à pleins poumons l'air des toundras. Mais à peine a-t-il franchi le seuil qu'il reçoit en pleine figure une odeur, ni celle de la naphtaline ni celle des toundras, mais belle et bien celle de sa femme. La chambre semble aspergée de Chalimar. Il ne peut le croire. Il fait quelques pas dans l'entrée, s'immobilise et appelle d'une voix tremblante :

« Louise... Louise...? »

Pas de réponse. Le soulagement. Certainement le parfum de la précédente occupante. A demi rassuré, il s'avance sur la pointe des pieds dans la chambre aux rideaux tirés. Soudain il s'arrête : quelqu'un bouge dans son lit :

« David! Mon chéri... »

Louise était sortie du lit toute nue, toute fraîche, toute parfumée. Elle s'était avancée vers lui les bras et le cœur en avant avec des mots gentils et des caresses plein les yeux, mais lui, David, s'était figé. Il ne pensait plus qu'à une seule chose : prévenir Laurence, faire en sorte qu'elle ne vienne pas, qu'elle ne téléphone pas. Tandis qu'il cherchait quoi lui dire et comment le lui faire savoir, Louise l'avait enfermé dans ses bras, l'embrassant par petites becquées, le libérant et le reprenant des yeux et des lèvres comme si elle le redécouvrait après des années d'absence. David avait été doublement étonné. Oh! oui, terriblement étonné de la trouver là, mais encore bien plus étonné par ses débordements d'affection.

Il était resté sans voix et complètement abasourdi, l'entendant, elle, le plaindre et l'aimer tout à la fois :

« Mon chéri, mais tu as mauvaise mine. »

« Comme tu as dû t'inquiéter. »

« Mais c'est fini maintenant, je suis là avec toi. »

« Tu m'as beaucoup manqué, tu sais. »

« Et puis j'ai pensé à tes angoisses. »

« Dis-moi, tu n'as pas eu trop peur de prendre ce train tout seul ? »

« As-tu bien mangé, au moins ? »

« Viens plus près. »

« Tu sais, j'ai beaucoup changé en deux jours. »

Oui, il était resté comme cloué à elle un temps qui lui avait paru une éternité, et pendant qu'elle s'acharnait à l'aimer, il pensait, cherchait, tournait et retournait la situation dans tous les sens dans l'espoir de trouver une issue par laquelle il allait s'échapper. Si Louise avait pu écouter la voix intérieure de son mari, voici ce qu'elle aurait entendu en guise de réponse :

Elle :

« Mon chéri... Mais tu as mauvaise mine. »

Lui :

« Descendre. Dire que j'ai laissé mon passeport à la réception. »

Elle :

« Comme tu as dû t'inquiéter. »

Lui :

« Téléphoner d'en bas. Lui dire que je suis malade. Un accès de paludisme, n'importe quoi ! Que j'ai pris des coupe-fièvres et des trucs pour dormir, que je suis dans le cirage, que je suis contagieux ! »

Elle :

« Mais c'est fini maintenant, je suis là avec toi. »

Lui :

« Non. Tant pis ! Lui dire la vérité. Lui dire que ma femme est arrivée par avion, par surprise. Lui demander de me laisser un peu de temps, lui expliquer que je vais rompre. »

Elle :

« Tu m'as beaucoup manqué, tu sais. »

Lui :

« Bon Dieu ! Pourvu que les matrones de mon étage ne la laissent pas s'amener. »

Elle :

« J'ai pensé à tes angoisses. Dis moi, tu n'as pas eu trop peur de prendre ce train tout seul ? »

Lui :

« Non, mais qu'est-ce que je fais si elle arrive ? Qu'est-ce que je lui dis ? Qu'est-ce que je leur dis ? »

Elle :

« As-tu bien mangé, au moins ? »

Lui :

« Avoir le courage de dire la vérité à Louise. Faire venir Laurence et la lui montrer. Raconter à Louise cette fantastique flambée d'amour. »

Elle :

« Viens plus près. Tu sais, j'ai beaucoup changé en deux jours. »

Lui :

« Foutre le camp. Les laisser se débrouiller toutes les deux. Repartir pour Paris, là, tout de suite, ce soir, sans rien leur dire. »

Et puis, soudain, il y avait eu des coups frappés à la porte, et la peur, l'immense peur de David qui s'arrache des bras de Louise et qui fonce comme un fou vers le couloir pour se retrouver nez à nez avec le bagagiste. Pauvre David qui s'était mis à rire de lui-même en balançant ses valises sur le lit. « Non. Non, ça ne pouvait pas durer comme ça. Il allait finir par devenir cardiaque. Faire quelque chose tout de suite. N'importe quoi, mais descendre. Descendre absolument. »

Le rire s'était arrêté net. David, jouant la surprise, palpait les poches de son manteau. L'air ahuri, il avait crié :

« Merde! J'ai laissé mon portefeuille à la réception. »

Sans plus attendre, il s'était rué hors de la chambre.

L'employé de l'Intourist enfonce un peu plus sa chapka et remonte le col de son manteau. Il ne fait pas chaud à l'intérieur de la voiture, mais dehors, cette fois, c'est la tourmente. Un dernier coup d'œil vers sa montre et puis un soupir qui signifie : « Faut y aller. »

Il ouvre la portière et descend rapidement. David le regarde partir. La tourmente est dehors, mais elle est aussi à l'intérieur. Viendra, viendra pas? David ne sait que penser. En principe, elle devrait continuer son voyage. Comme lui, elle a payé son billet et pris des engagements auprès de l'Intourist. Une nuit à Moscou et départ dans la matinée à destination de Nakhodka. Un seul arrêt : Irkoutsk. Une seule visite : le lac Baïkal. Evidemment, elle peut feindre la maladie ou bien s'arranger pour prendre le transsibérien du lendemain. Bien sûr qu'elle pourrait. Peut-être est-elle déjà au bureau de l'Intourist, essayant d'obtenir cet arrangement.

Lui, le libéral, il espère de toute son âme en l'intransigeance de la bureaucratie soviétique.

Louise s'impatiente :

« Mais qu'est-ce qu'on fait? Qu'est-ce qu'on attend ? J'ai froid, moi. »

Il répond sans vraiment y être :

« Mais je n'en sais rien, chérie. Moi aussi j'ai froid. »

Il l'appelle chérie par habitude, par commodité. Cette nuit aussi il lui a fait l'amour par habitude, par commodité. Le cœur et la tête n'y étaient pas. Seul, le sexe a fonctionné mais sans très bien savoir pourquoi. Par habitude sans doute et par commodité. Jamais il n'avait été aussi distant et aussi peu en elle qu'hier soir, et pourtant, elle avait éprouvé un plaisir certain. Il était resté de glace devant sa jouissance. Chez elle, le cœur et la tête y étaient avec en plus quelques verres de vodka.

Toute la soirée il était resté silencieux, observant une sorte de neutralité dès qu'elle se mettait à repenser à leur avenir. Elle avait parlé de réorganiser sa vie pour que leur vie commune reparte du bon pied. Bon pied bon œil, leur vie. Tu parles ! Il l'écoutait d'une oreille distraite débiter des propos taillés sur mesure par quelque faiseur de prêt-à-porter féministe, comme si on pouvait rapiécer, rénover, rebâtir un couple. Non, l'homme n'est pas un vêtement qu'on défroisse d'un coup de fer à repasser. Quand le couple est usé, démoli, décousu, plus qu'une seule chose à faire : le jeter.

Et pourtant, bien qu'aimant ailleurs, bien que

se sachant porté à tous les extrêmes par son nouvel amour, il n'avait rien jeté du tout. Lâcheté ou pitié? Sa fille, peut-être. Une répugnance à faire de Véronique une enfant de divorcés. Sa fille, sûrement, mais aussi l'habitude et la commodité.

Il avait réussi à joindre Laurence au téléphone. Voix sourde et paniquée. Qu'elle descende immédiatement. Il est dans le hall. Vite! C'est grave.

Elle était descendue, vêtue d'une longue robe blanche, les cheveux tombant en tresses sur ses épaules. Elle faisait très russe, très russe mais aussi très envie.

En le voyant planté devant l'ascenseur, toujours en manteau, dépeigné et hagard, elle avait aussitôt compris. A Louise, justement, elle y avait pensé en s'habillant. Elle s'était demandé ce qu'elle aurait fait à sa place : oublier la dispute ou bien venir la continuer? Difficile de se mettre dans la peau de quelqu'un dont on ne connaît ni le caractère ni les sentiments. D'abord elle ne l'aurait pas laissé partir sur un coup de tête. Elle serait passée outre à l'amour-propre et à l'orgueil et l'aurait rejoint à la gare. On ne décide pas un tel voyage avec un tel enjeu pour l'abandonner aussi stupidement. En supposant qu'elle n'ait pu attraper le train à temps, il restait toujours la solution de l'avion. L'avion ne rend pas la vision de choses plus claire, mais il contribue à les clarifier plus vite.

Il l'avait prise par le bras et entraînée dans un salon voisin où toute une délégation d'étrangers groupés autour d'une pancarte attendaient le signal du départ. Les fauteuils encore tout chauds venaient d'être libérés. Il s'y laissa tomber pensant qu'elle allait suivre le mouvement mais elle préférait encaisser le coup debout. Il était tout petit dans son fauteuil, une sorte de David modèle réduit qui tendait la main pour qu'elle s'asseye, la priant de se mettre enfin à sa hauteur. Laurence n'obéissait pas. Très vite elle avait dit :

« C'est ta femme ? »

Il s'était levé comme piqué et avait répondu sur un ton agressif :

« Ma femme. Mais comment tu sais ? »

Il l'avait saisie par le bras et serrée jusqu'à lui faire mal. Enferré dans sa mauvaise foi, il avait crié :

« Tu le savais, et tu ne m'as rien dit ? »

La discussion s'était prolongée une dizaine de minutes. Interminables allées et venues des pas et des mots. Il trouvait qu'elle acceptait trop bien la situation. Il l'aurait voulue folle de douleur, éclatante de colère. Pensez-vous. Elle était digne et résignée, prête en somme à lui dire : « Au revoir et à bientôt. »

Elle trouvait qu'il acceptait trop mal la situation. Bon. Sa femme était là, et alors ? Il fallait s'y attendre. Na pas le suivre dans l'hystérie, refuser de se laisser entraîner dans la crise. Alors elle simplifie :

« Et si vous ne vous étiez pas disputés. Si vous étiez partis ensemble. Eh bien, tu ne m'aurais même pas regardée. On ne se serait même pas connus. »

La réflexion de Laurence le met hors de lui, il lance :

« Regardée, mais est-ce que je t'ai regardée, moi ? Je t'ai aimée, idiote, et c'est incomparable ! »

Il lui avait pris la main et déclaré, en forçant un peu sur le drame, que leur amour n'était pas remis en cause, qu'il était simplement retardé, qu'il en faut beaucoup plus que ça pour terminer un amour, que le leur restait ouvert, absolument grand ouvert. Qu'il allait rompre, qu'il allait vivre avec elle, que c'était écrit, que c'était inéluctable.

Elle l'avait écouté mais n'en croyait pas un mot. Elle était profondément désespérée et pourtant elle souriait, s'efforçant de n'en rien laisser paraître. Surtout ne pas lui donner l'impression qu'elle s'accroche, ne pas le forcer, lui laisser le temps de prendre sa décision.

Ils parlaient et marchaient confusément à travers la foule des congressistes massés dans le hall, avançant malgré tout vers un nouvel accord qui ne leur permettrait pas, hélas! le rêve et l'enthousiasme.

Il s'était, tout à coup, jeté de côté car il avait cru voir Louise sortir de l'ascenseur. Cette fausse alerte avait eu pour effet de les ramener à la réalité. Laurence avait dit :

« Je t'en prie, ne faisons pas de promesse. Quittons-nous maintenant. Je ne pourrai pas supporter ce voyage à trois. Nous verrons où nous en sommes de retour à Paris. »

Elle a une façon de résoudre les choses qui le met hors de lui. Ça n'est pas de la simplification, c'est du massacre. Il dit :

« Si je comprends bien, tu me quittes? »

Il a une façon de prendre les choses qui la déroute. A quoi bon répondre, à quoi bon continuer à se déchirer? Elle avait dit très vite :

« Ecoute, j'ai besoin de réfléchir. Je ne sais plus où j'en suis et toi non plus. »

Elle était repartie aussi vite que sa phrase, le laissant là, au milieu du hall, bras et souffle coupés. Elle avait un sacré courage, un drôle de cran.

Ils s'étaient revus à l'heure du dîner au premier étage de l'hôtel dans une sorte de brasserie prétentieuse où on ne servait que du caviar et des poissons fumés. Le seul endroit de Moscou où il n'était pas nécessaire de faire la queue. Un décor de brasserie alsacienne avec des garçons en veste rouge, une salle à peu près vide, sans ambiance parce que sans clientèle russe. Quelques touristes égarés que l'on n'a pas acceptés dans les restaurants réputés et parmi eux, David et Louise, bien trop chargés de problèmes pour envisager de les transporter hors de l'hôtel. C'est alors qu'elle était entrée. Toute blanche et blonde, aérienne, éthérée.

Elle était passée devant leur table sans les voir, s'asseyant pas très loin d'eux. Si David avait pu rentrer sous terre, il l'aurait fait. Il se sent lâche, traître, condamnable. Et comme si cela ne suffisait pas, voici que Louise lâche :

« Pas mal cette fille. Tu ne trouves pas ? »

Non, ça n'est pas une provocation. Louise attend une appréciation, rien de plus.

Ça y est ! Ils se sont vus. L'espace d'un frémissement, ils hésitent à se reconnaître, et puis en même temps, ils se disent bonsoir juste un petit signe de tête et rien de plus.

Louise, surprise, avait demandé :

« Tu la connais ?

– Oui. Il me semble l'avoir déjà croisée dans le train.

– C'est une Française? »

Il avait modifié le ton de sa voix et répondu sèchement :

« Mais qu'est-ce que j'en sais moi! »

Incident clos. Louise avait tartiné du caviar sur son pain bis et David, afin d'éviter qu'elle ne revienne sur cette fille, s'était mis à raconter assez platement l'incident de Brest-Litovsk.

Il n'y eut pas d'autre regard entre Laurence et David parce qu'elle s'était progressivement tournée de façon à ne plus le voir. Il lui en sut gré, mais ce qu'il ne sut pas, c'est qu'elle fut, ce soir-là, et malgré les apparences, profondément malheureuse.

Précédée du guide de l'Intourist qui porte son bagage, Laurence sort du Metropol.

Réflexion de Louise :

« Tiens! Mais c'est la fille d'hier soir? »

Réflexion de David :

« Sans blague! Elle prend aussi le transsibérien. »

David s'efforce de paraître naturel. Il a pourtant une envie folle de clamer sa joie. « Surtout se contrôler, ne rien laisser apparaître de ses sentiments. »

La portière qui s'ouvre. Elle qui monte. Eux qui se poussent. Un échange de bonjour.

La limousine qui démarre, la main de David qui cherche dans son dos celle de Laurence, leurs doigts qui s'entrecroisent, les questions de Louise et les réponses de Laurence.

« Vous êtes française?

– Oui. Ah! Vous aussi?

– Vous prenez également le transsibérien ?
– Oui.
– Jusqu'où ?
– Tokyo.
– Eh bien, nous sommes appelés à nous revoir. »

Pression des doigts de David qui ponctue les questions de sa femme.

David, enfin, qui intervient :

« Je t'en prie, chérie, ça n'est pas la peine de harceler mademoiselle. »

La « mademoiselle », qui a mal pris le « chérie », répond :

« Mais ça ne me gêne pas du tout. Au contraire, j'ai tellement été privée de conversation depuis trois jours. »

Elle se tourne vers David et ajoute :

« Vous étiez bien dans le Paris-Moscou, n'est-ce pas ? »

Très forte la petite. Sans attendre la réponse, elle s'adresse à la femme :

« Je ne vous ai pas aperçue. Vous étiez souffrante ? »

Gêne de David qui marque sa désapprobation en abandonnant la main. Hésitation de Louise qui cherche sa réponse. Satisfaction de Laurence qui vient de faire d'une pierre deux coups et qui en rajoute :

« Quarante-huit heures sans sortir de son compartiment, ça doit sembler long ! »

Louise est soulagée :

« Oui, très long. »

Moscou sous la neige, David sous le choc, Laurence sous pression, Louise sous le charme de la jeune fille.

« Vous faites souvent de ces longs voyages ? »

Rire de Louise.

« Ah ! non. C'est le deuxième depuis que nous sommes mariés. »

Réaction mauvaise de David :

« Je t'en prie. Tu ne vas pas commencer à raconter ta vie. »

Il reprend la main de Laurence et la serre jusqu'à la douleur.

Petit cri de Laurence et excuses confuses de David qui fait semblant de lui avoir marché sur le pied. Louise demande :

« Vous allez à Tokyo pour affaires ou pour étudier la langue ? »

Petit gloussement de Laurence ravie de la question.

« Ni l'un ni l'autre. J'y vais pour me marier. »

Douleur dans la poitrine de David et curiosité avivée de Louise.

« Avec un Japonais ?

– Non. Avec un diplomate en poste à l'ambassade de France. »

Elle sait qu'elle le blesse et s'en régale. Elle voudrait qu'il se mette à genoux et qu'il demande pardon de l'avoir fait souffrir. Elle voudrait qu'il se frappe la poitrine en s'écriant : « Je suis un lâche et un salaud mais je t'aime. »

Lui, le lâche, le salaud, il a décidé de se boucher les oreilles. S'abstraire, se vider, faire le mort. Surtout ne pas se mêler, ne pas envenimer. Laisser faire, laisser dire, laisser croire. Il lui en veut de jouer ainsi avec le feu. Ses nerfs sont mis à rude épreuve. Difficile de faire le mort lorsqu'on est au centre d'une conversation qui peut d'un instant à l'autre déboucher sur le chaos. Tandis que le dialogue se poursuit entre Louise et Laurence, il cherche, et ce qu'il trouve en fin de compte le rassure. Jamais elle n'agirait de cette façon si elle ne tenait pas à lui. Tant bien que mal, au fil des avenues rectilignes, il se persuade de cet amour. Rassuré il attendra jusqu'à Irkoutsk ? Dans quatre jours il saura où il en est avec Louise et avec Laurence aussi. Oui il pourra prendre la mesure du pour et du contre. Peser, comparer, faire son choix, et se décider. Parler franc, être responsable. Expliquer à l'une pourquoi il la quitte. Expliquer à l'autre pourquoi il la veut.

Sa décision est suivie d'un double effet. D'abord, elle le rassure pour ce qui est de l'immédiat. Ensuite, elle a le mérite de faire reculer l'échéance à quatre jours et quatre nuits. En problème bancaire, c'est l'équivalent d'une traite qui va être présentée sur un compte à découvert. Quatre jours, c'est parfois suffisant pour se retourner.

Quelque part, dans un bureau de Moscou, des hommes que David n'a jamais vus vont devancer sa décision. Sept fonctionnaires de la police secrète examinent perplexes une photo d'identité. Posé sur des tréteaux, un cercueil béant. A terre, des dossiers que d'autres flics classent et déchiffrent selon de mystérieux critères.

La photo passe de main en main, provoquant des réactions diverses. L'un des flics pense qu'il s'agit d'une facétie, un autre, d'une erreur.

« Erreur peut-être, déclare l'un des personnages qui semble être très écouté, mais quelle sorte d'erreur, et qui l'aurait commise : Stolypine ou Dylikov ? La photo est-elle tombée de leurs poches parmi les dossiers ou bien a-t-elle été glissée intentionnellement ? »

Se mettre donc au plus vite en contact avec Paris et identifier, si possible, cette jeune femme qui les intrigue.

CHAPITRE IX

Le transsibérien se compose de dix-sept wagons. Trois voitures de première classe, neuf de seconde, deux de troisième appelées plus communément « la classe dure » et deux de marchandises.

Au centre du train, un wagon-restaurant de douze tables de quatre places qui fait également office d'épicerie roulante. Il est ouvert de six heures du matin à minuit. On y mange peu, on y boit beaucoup, mais on y fait surtout des amitiés soudaines, des rêves fous, des actes insensés. Lieu d'amour et de débauche où règnent ensemble, la main dans l'âme, le romantisme le plus pur et la débauche des sens. Peu de voyageurs y prennent leurs repas mais tous y viennent en quête d'une aventure chaleureuse et d'un verre à offrir à n'importe qui, juste comme ça, pour le plaisir de parler en buvant et de boire jusqu'à en mettre K.O. la logique et la raison, boire pour le seul plaisir de raconter n'importe quoi sur soi et sur les autres, ce n'importe quoi étant évidemment l'essentiel, c'est-à-dire les rêves secrets et les malheurs profonds. Tous les ivrognes de la terre ont la même façon d'établir le contact et il faut savoir comprendre entre les mots et les silences ce que leur parler veut dire d'espoir et de désespoir.

La plupart des passagers voyageant à bord du transsibérien Moscou-Vladivostok reviennent de congé ou de permission. Marins, ingénieurs, officiers, ouvriers, cadres, ils sont rattachés à la base navale la plus puissante de l'Union soviétique accolée à la Chine avec la Corée au Sud et le Japon qui lui fait face.

Entre Moscou et Vladivostok, quatre-vingt-huit arrêts. Vingt-six en Sibérie dite occidentale, la plus industrialisée, les autres en Sibérie orientale. Des noms prestigieux comme ceux qui jalonnent l'itinéraire de Michel Strogoff : Omsk, Novosibirsk, Irkoutsk, Oulan-Oude, mais aussi les villes gigantesques et totalement inconnues du touriste étranger comme Kamishzov, Ishim, Bogotol, Zima et tant et tant d'autres où l'on ne s'arrête que quelques minutes pour permettre aux cheminots la vérification du matériel roulant, aux postiers d'acheminer les sacs de courrier, aux affréteurs le déchargement ou le chargement des marchandises diverses. A chaque arrêt, c'est la ruée des voyageurs emmitouflés dans leurs fourrures ou leurs molletons vers des échoppes posées à même le quai où de vieilles femmes vendent des boissons, des plats ou des pâtisseries cuisinés par elles tout exprès pour cette multitude qui ne peut avoir accès au wagon-restaurant en raison du nombre restreint de places assises.

Très peu d'étrangers dans ce transsibérien arrêté pour l'instant en gare de Moscou et auprès duquel se presse la foule des parents et amis venus là pour agiter leur mouchoir et fondre en larmes.

On a groupé les touristes dans la voiture 103. Il y a là un Japonais plus grand que nature et tout souriant. Sa bonne humeur aura maintes fois raison du méchant caractère des deux cheftaines qui se relaient à la chaudière, au samovar et à l'aspirateur mais aussi à la garde stricte et implacable de ces touristes aux mœurs par trop libérales et qui sont suceptibles de contaminer les autres passagers.

On permet des choses au wagon-restaurant que l'on interdit formellement dans les autres voitures, à croire que le wagon-restaurant bénéficie d'une certaine autonomie de gestion.

Ironie du sort. Laurence occupe le compartiment voisin des Feyder. De l'autre côté, deux Anglaises, la mère et la fille, toutes deux écuyères dans un grand cirque londonien et qui ont décidé d'arrêter quelques jours de tourner en rond sur leurs petits chevaux pour foncer tout droit au travers de la taïga.

C'est tout pour les étrangers. Les autres occupants du wagon luxe sont des cadres ou des ingénieurs soviétiques facilement reconnaissables à leurs survêtements bleus. Une exception pourtant : deux officiers supérieurs de la marine, impeccablement sanglés d'uniformes infroissables.

Cris et larmes saluent le départ du transsibérien. Dans le couloir, côte à côte, Laurence et David regardent, eux aussi émus, le peuple déchiré par la séparation.

Louise est un peu plus loin, en manteau de loup, l'œil collé à sa caméra super 8, fixant pour mémoire la douleur des familles. Soudain, l'un des deux gardes-chiourme fonce sur elle et lui arrache la caméra.

« Nielzia ! Zaprechteno ! »

Camera confisquée. Première brimade. Engueulade de David :

« Tu veux toujours te singulariser. Je t'avais dit que c'était interdit. »

Il se tourne vers Laurence et la prend à partie :

« S'il vous plaît, expliquez-lui qu'en U.R.S.S. il y a certaines règles à ne pas transgresser ! »

Vexée, Louise quitte le couloir et s'enferme dans son compartiment.

Pas terrible le luxe. Deux banquettes-couchettes en vis-à-vis. Une échelle de bois pour accéder aux valises rangées dans un renfoncement au-dessus de la porte. Dans l'angle que forme la porte et la cloison : un miroir. Près du miroir, deux patères pour accrocher ses vêtements, et sous la fenêtre, une tablette en formica avec deux verres à thé dans leurs supports de métal argenté.

A l'intérieur du compartiment règne une chaleur accablante. Louise se défait de son manteau et tente de baisser la vitre, elle y met toutes ses forces, mais n'y parvient pas. Comme elle s'est sali les mains, elle va vers le miroir d'angle derrière lequel devrait se trouver un lavabo escamotable. Rien à faire. Le miroir comme la vitre résiste. En réalité, rien ne se cache derrière la glace et ceux qui désireraient éventuellement faire leur toilette pendant cette longue traversée de 9500 kilomètres devront se contenter du lavabo des W.C. Pas très facile de garder son équilibre en appuyant une main sur le robinet à ressort et en se lavant de l'autre. Opération éminemment délicate et à laquelle il faut ajouter certains inconvénients : la saleté, l'odeur, et la cohue permanente.

Alors que Louise va de découverte en déconvenue, Laurence et David se retrouvent. Oh! Rien à voir bien sûr avec la passion des premiers jours. Ça n'est pas que leur amour a pris de l'âge ou le large, non! Ils s'aiment toujours ou plus exactement, ils croient s'aimer. Disons toutefois que la magie n'y est plus. En quelques jours, trop d'événements, trop de contrariétés sont venus couper les ailes de cet amour tout neuf. C'est comme si la mère oiseau avait fait tomber trop tôt le petit du nid. La mère oiseau, c'est Louise, les autres, la vie. Eux, les pauvres, ils sont à terre en bas du nid, le bec ouvert avec leurs gros cœurs à nourrir. Le cœur pour l'instant est en manque de folie et ils le reconnaissent. Le raisonnable ne nourrit pas la passion. L'un et l'autre savent qu'ils ont eu tort, la veille, de mettre des formes à leur amour comme si l'amour était une chaussure qu'on peut ranger bien comme il faut dans un placard en attendant de le reprendre selon ses besoins.

Est-ce parce qu'ils sont à nouveau réunis dans un train qu'ils éprouvent le besoin de relancer les sentiments? C'est possible. Mais ça n'est pas la seule explication. Plus Laurence avance vers le Japon, moins elle est sûre de vouloir y arriver. Plus David avance avec sa femme, moins il est sûr de la garder...

Il y a eu cette nuit du Metropol. Chambre 603 : le dialogue de sourds d'une femme qui décidait, comme ça, d'un seul coup, de remettre le couple sur des rails parallèles. Partage des responsabilités, droit au travail, respect mutuel et organisation des sorties avec d'anciens amis perdus de vue depuis le mariage. Tout ça, évidemment, pour en arriver à l'harmonisation du ménage. Louise avait prêché dans le désert et David s'était fermé dès les premières paroles car cette nouvelle existence que sa femme évoquait ne correspondait vraiment plus à son état d'esprit. Présentement, il vivait son ivresse, il était soûl d'amour, alcoolisé jusqu'au sang par le merveilleux, si bien que tout ce que disait sa femme glissait sur lui. Impossible de faire pire. Louise était complètement à côté.

Chambre 802 : une fille de vingt ans qui se débat entre des sentiments si contradictoires qu'elle perd pied. Gesell au Japon, ça lui semble tellement dérisoire. Elle ici à Moscou ! Mais pourquoi, pour qui ? Elle se cherche, se déplie mais ne se trouve pas. Jamais peut-être depuis l'enfance elle n'a été aussi paumée. Une bouffée de souvenirs l'assaille. Toujours les mêmes : sa mère, Carlos, le voyage en Jaguar, le viol, l'avortement. Après, plus rien. Le vide, un trou béant dans la mémoire. Elle cherche, elle voudrait remonter la filière des années, retrouver des faits et des émotions auxquels se raccrocher. Le trou, toujours le trou, et tout à coup voici David qui s'y glisse et qui descend en elle. Quoi ? Que se passe-t-il ? N'a-t-elle vécu rien d'autre d'important ? Serait-ce un signe, un appel des temps ? Ah ! oui, comme elle le ressent en elle, cet homme pourtant tombé du ciel. Elle lutte pour le chasser, elle le trouve méprisable, lâche, veule. Elle le revoit dans le hall de l'hôtel avec sa panique, au restaurant avec sa femme, mais elle le revoit aussi sur le quai de la gare du Nord, désemparé, avec son billet pour deux, et un peu plus tard dans le train, avec cette façon qu'il a eu de la prendre à son tour en charge. Alors, n'aurait-elle entrepris ce voyage que pour le rencontrer? N'aurait-il pris ce train que pour la sauver d'un mariage désastreux? Elle regrette de l'avoir si durement malmené. Elle voudrait le revoir, là, tout de suite, le toucher, l'embrasser. Le revoir et lui dire que rien n'est changé, que le jeu continue, et que la présence de sa femme n'y change rien.

Elle souffre. Elle tourne en rond dans sa chambre trop grande, se défendant de décrocher le téléphone. L'appeler, lui dire : « Je t'aime », et raccrocher. Vingt fois elle pose sa main sur l'appareil. Elle se retient, se fait violence, c'est intolérable. Comme elle a peur de céder à cette angoisse qu'elle entretient malgré elle, bien que s'en défendant, elle décide de la combattre par une souffrance physique. Elle se pince et se mord au sang. Ça la calme un moment, mais les ongles et les dents ne sont pas à la mesure de son épreuve. Vite. Allumer une cigarette, et en appuyer le bout incandescent sur son bras.

Voilà. La cigarette s'enfonce lentement. Douleur et odeur de chair cramée. Larmes plein les yeux. Une terrible envie de crier qu'elle jugule par la volonté retrouvée. Le cri devient murmure, prière, chant d'amour : « Je l'aime... Je l'aime... Je l'aime. »

Ils sont là, dans le couloir, le cœur gros avec un regard qui se voudrait pourtant aussi léger que les flocons de neige qui virginisent les hideux faubourgs de Moscou. Ils sont là, elle avec sa brûlure, lui avec sa mauvaise conscience, et brusquement, désignant une isba que l'on est en train de démolir, elle demande :

« Est-ce que tu vivrais là avec moi ? »

En guise de réponse, il lui effleure le bras.

Elle laisse échapper un gémissement, mais avant qu'il s'en étonne elle ajoute :

« Pourras-tu venir cette nuit ? »

Il promet, il fera l'impossible.

Louise sortant du compartiment s'écrie :

« Viens voir ! C'est proprement scandaleux. Il n'y a même pas de quoi se laver. »

David poliment prend congé de Laurence et s'en va constater par lui-même l'absence de tout point d'eau dans son compartiment. Louise, l'air sévère, le regarde s'escrimer après la glace. Il dit :

« Le lavabo doit être ailleurs. »

Sûr de son affaire il se met à inspecter les cloisons, mais force lui est de constater que Louise a raison.

Elle attend, muette et sadique, l'explosion de colère de ce mari dont elle endure les maniaqueries depuis sept ans, mais le mari, au lieu de pousser sa « gueulante », se borne à sourire. Elle lance :

« Quoi ! C'est tout l'effet que ça te fait ? Et comment tu vas te laver ? Hein ! Qu'est-ce que tu vas faire avec ta manie des odeurs ? Et en plus cette fenêtre qui ne s'ouvre même pas ! »

Elle n'a pas fini d'être étonnée. Il réplique :

« Décidément, je ne te comprends pas ! Tu as la chance de faire un voyage exceptionnel et tu râles dès les premiers kilomètres. Il y a des millions de gens qui rêvent de prendre le transsibérien. »

Cinglante elle répond :

« Je me fous du transsibérien et du rêve des autres. La seule chose qui m'importe, c'est toi et moi. »

Ironique il la reprend :

« Non ! La seule chose qui t'importe c'est ton confort.

– Ah ! bon, parce que ça t'est égal que je me néglige pendant huit jours ?

– Non, bien sûr. Mais qu'est-ce que tu veux que j'y fasse ? Que j'aille te chercher un broc et un bidet ? »

Sèchement, elle répond :

« Parfaitement, oui, débrouille-toi pour trouver de l'eau, une bassine, quelque chose. »

Elle fait son jeu sans le savoir. Tous les prétextes sont bons pour rejoindre Laurence. Il va pour sortir quand elle ajoute :

« Essaie au moins d'ouvrir la fenêtre ! On crève là-dedans. »

Il essaie, mais n'y parvient pas. Les efforts le font transpirer. Elle continue de se plaindre :

« Tu aurais pu te renseigner à l'agence au moins ! Si j'avais su... »

Il se retourne. La sueur dégouline de son front.

« Si... Si... Si... Je t'en prie, Louise, contrôle-toi !

– Tu m'appelles Louise maintenant ?

– Et comment veux-tu que je t'appelle ? Chérie ? Ma chérie ?... Mon amour ?... C'est ça que tu veux ? »

Elle vient jusqu'à lui, le regarde droit dans les yeux et crie :

« Ecoute, je t'ai dit hier soir un certain nombre de choses capitales pour nous deux. Je suis venue vers toi prête à faire des efforts, mais puisque tu sembles ne pas en tenir compte, eh bien, laisse-moi te rappeler pourquoi on est là et dans quelles circonstances nous avons pris cette décision. »

Il l'interrompt :

« Décision absurde et ridicule, ma petite vieille. On ne revient pas sept ans plus tard sur ce qu'on a éprouvé sept ans plus tôt. Tu sais très bien qu'on ne refait pas deux fois son voyage de noces. En tous les cas, pas avec la même personne. »

Elle est stupéfaite. Elle s'assied près de la fenêtre et joue nerveusement avec le verre à thé. Dire qu'elle souffre serait exagéré. Dire qu'elle est très contrariée ne serait pas juste non plus. Disons qu'elle est tout simplement, tout bonnement sidérée par le ton et les propos de son mari. C'est vrai, il n'est plus le même. Mais qui l'a donc changé ? Il lui arrive parfois d'être saluée dans la rue par quelqu'un qui semble bien la connaître et qu'elle ne reconnaît pas. Très énervant cette situation, car ça l'oblige à chercher jusqu'à ce qu'elle trouve. Ça peut durer des heures, des jours. Ça peut même aller jusqu'à l'obsession, et puis tout à coup, comme ça, on sait enfin. C'est généralement quelqu'un qu'on a l'habitude de voir, devant son étal, en tablier de boucher, ou derrière son comptoir de crémier. Sans sa tenue habituelle et hors de sa boutique, cette personne, ainsi rencontrée, échappe à la mémoire.

Elle est là, dans ce train, avec David, et elle éprouve le même malaise. Devant elle, un homme qui la connaît et qu'elle ne connaît pas. A-t-il quitté ses habits de boucher ou bien, au contraire, s'en est-il revêtu tout spécialement pour ce voyage? Ne pas brusquer, être prudente. Laisser faire le temps. Elle a sa petite idée, et la fille d'à côté en fait partie. Ma parole, il me prend pour une imbécile ou quoi?

Elle l'observe. Il s'est mis torse nu devant la glace et s'éponge vivement d'une serviette volée au Metropol. Il a l'air drôlement content de lui, le salaud. Elle se risque à dire :

« Tu voles dans les hôtels, maintenant? »

Il sourit et répond :

« Je ne sais pas pourquoi, mais je me doutais du coup. »

Il va vers sa valise, l'ouvre, et en sort deux autres serviettes.

« Tu vois, avec ça, on est paré. »

Dans le couloir, des éclats de voix.

David fait coulisser la porte et regarde. Ce sont les deux Anglaises qui s'engueulent avec la cheftaine du wagon. Débordée, Laurence tente une traduction anglo-franco-russe, mais son ton modérateur ne calme pas les esprits des deux femmes qui viennent, elles aussi, de découvrir que leur compartiment surchauffé est également dépourvu du moindre petit point d'eau, du moindre filet d'air. Quelle diablesse cette cheftaine! Quatre-vingt-dix kilos de chair boudinée dans un uniforme noir, avec des mains comme des battoirs, et toutes sortes de clefs pendues à son ceinturon. Elle ne parle pas, elle hurle. Elle n'avertit pas, elle menace.

« Que se passe-t-il? demande Louise toujours assise auprès de la fenêtre.

— Attends. Je vais voir. »

L'occasion est bonne à prendre. Vite une chemise, un coup de peigne et le voici dehors, s'interposant entre les Anglaises et la cheftaine.

Louise curieuse le suit.

« Qu'est-ce qu'elle dit ? demande-t-elle à Laurence.

– Elle dit que le transsibérien n'est pas un hôtel, et qu'on doit aller, comme tout le monde, aux lavabos des W.C.

– Vous trouvez ça normal, vous ?

– Non ! Mais je vais m'en accommoder.

– Evidemment, vous êtes seule... Mais pour un couple... Tout de même ! »

Bref regard de Laurence vers David qui détourne les yeux. Déception des Anglaises qui se pressent vers les lavabos où l'on fait déjà la queue. Elles sont précédées de la cheftaine qui écarte ses sujets à grands coups de manchette en criant :

« Propoustitié ! Propoustitié ! (Priorité aux touristes.) »

Louise accroche le regard de Laurence et reprend :

« On m'avait pourtant vanté le luxe du transsibérien. Pour une surprise, c'en est une ! Je ne m'attendais pas à ça et vous ? »

Prudente elle répond :

« Je crois que le Moscou-Pékin est beaucoup plus confortable. »

Louise se tourne vers David et dit :

« Et pourquoi, s'il te plaît, nous n'avons pas pris le Moscou-Pékin ? »

Le ton de Louise est agressif, mais David ne peut laisser passer. Deuxième acte d'héroïsme dans un train, en moins de trente-six heures, il réplique :

« Pourquoi ? Tu veux vraiment que je te dise pourquoi ? »

Un bref regard vers Laurence et il poursuit :

« Parce que si j'avais pris le Moscou-Pékin, je n'aurais pas fait la rencontre de ma vie. »

La gêne, le bonheur ! Partagée entre ces deux sentiments Laurence rougit.

Aussitôt, Louise réplique :

« Quelle rencontre ? De quoi tu parles ? »

Sans attendre l'explication de David, elle prend Laurence à témoin :

« Mon mari travaille chez Hertz, mais il a une vocation littéraire rentrée. C'est un grand imaginatif. »

David en a trop dit et il le regrette :

« Restons-en là, notre vie privée ne regarde personne. »

Il la prend par le bras et l'entraîne vers le compartiment.

Louise préfère effectivement en rester là. Elle se sait trop vulnérable pour l'instant, elle attendra qu'ils aient retrouvé leur calme.

Louise s'est assoupie peu après le déjeuner. Il est de mauvaise humeur. Il a trouvé la nourriture proprement dégueulasse, l'ambiance insupportable. Louise pourtant lui a fait remarquer que ce qu'on leur servait en Sibérie était bien meilleur que ce qu'on leur avait servi en Amazonie. A bord, des asticots partout. Ici, du caviar, et de l'esturgeon dans tout.

Ah ! oui, Louise l'avait bien eu. Ils étaient seuls à leur table, seuls étrangers bien sûr, mais Vladimir, le responsable du wagon-restaurant, avait placé en face d'eux un gros bonhomme, genre fonctionnaire, qui occupait les deux places à lui tout seul. Laurence était assise un peu plus loin. A sa table, des marins exubérants, l'un d'eux ressemblant à l'acteur anglais David Hemming.

Laurence et David avaient décidé de ne pas prendre ce premier repas en commun. Mieux valait éviter toute nouvelle provocation. On se réservait pour la nuit et chacun d'eux espérait que celle-ci serait la bonne.

Tout en mangeant, David avait entrepris son travail de sape. Il ne creusait ni tout droit ni trop fort, mais il creusait tout de même, s'aidant davantage de paraboles que de pioches. Certes, elle lui avait tendu la perche ou plus exactement ressorti sa phrase :

« Qu'est-ce que ça veut dire : « Si j'avais pris le Moscou-Pékin, je n'aurais pas fait la rencontre de ma vie » ?

Comme il s'attendait à la question, il répond avec naturel :

« Rien. C'est une façon de te contrarier. Une chose dite en l'air pour voir comment tu réagis.

– Tu me testes, maintenant ? »

Une envie folle de répliquer : « Non ! Je te déteste. » Le calembour lui reste dans la gorge, et heureusement. Ne pas la brusquer, la prendre par la bande, l'amener peu à peu à l'évidence.

« Supposons... »

Il écarte les mains et explique :

« Attention, ça n'est vraiment qu'une supposition... »

Il quête son approbation. Ses yeux disent qu'elle est d'accord pour participer au jeu. Il reprend en tournant sa phrase autrement :

« Bon. Quelle serait ton attitude si je te disais : « Ecoute, voilà... Je suis amoureux à en crever. »

Il se trouve maladroit et brutal. Vite. Atténuer! Arrondir les angles, faire machine arrière. Elle ne lui en laisse pas le temps :

« De qui ? »

Il s'écrie :

« Mais de personne! C'est juste une supposition.

– D'accord, pour la supposition, mais c'est important de savoir de qui. Suppose que tu tombes amoureux d'une gamine de seize ans... »

En face d'eux, le gros monsieur les interrompt. Il voudrait leur offrir à boire.

« Vermouth ! Da, da ?

– Da, da! Oui, yes! Thank you! »

La conversation continue, ponctuée de sourires faussement chaleureux et interrompue par d'innombrables toasts portés à la paix, à la vie, aux amours. Il demande :

« Pourquoi une gamine ? Est-ce que j'ai une tête à tomber les petites filles ?

– Pourquoi une gamine ? Eh bien ! parce que je ne te vois pas t'embarquer avec quelqu'un de sérieux. Le sérieux, il est là, assis près de toi, et tout porte à croire que tu en as ta claque. »

Elle lève son verre.

« Tchin-tchin, David !

– Tchin-tchin, Louise !

– Tchin-tchin ! » fait le gros monsieur en face d'eux.

Elle reprend :

« Tu sais, quand je dis gamine, ça peut aller de seize à vingt ans. C'est une supposition, bien sûr... »

Il n'en revient pas. Ah! oui, elle est drôlement fine, la garce.

Elle jette un regard vers Laurence. Elle-même observe de trois quarts le couple. Le marin qui ressemble à David Hemming la serre de près, il est volubile et collant.

Sourire de Laurence, sourire de Louise, sourire de David. Sourire du gros bonhomme qui sort de son portefeuille des photos de famille. Quatre enfants et une femme presque aussi grosse que lui. David regarde les photos sans les voir. Il lance un vague compliment au père et dit :

« En supposant que tu supposes bien, c'est tout l'effet que ça te fait ?

– En supposant que je suppose bien, je suppose que tu ne me remets pas en question pour un simple coup ? »

Très forte, sa femme, vraiment, très forte. Ramener les sentiments à une simple histoire de sexe, désamorcer l'explosion amoureuse et la réduire à l'effet d'un pétard mouillé. Il se sent bête et désarmé, comme une tortue qu'on aurait mise sur le dos. Encore une chance que leur gros compagnon de table les interrompe si souvent. Ça lui permet de ne pas trop montrer à Louise qu'il est piégé.

Un autre verre de ce vermouth russe écœurant. Un autre toast porté à l'amitié des peuples frères, et puis Louise demande :

« C'est déjà fait ?

– Quoi ? Qu'est-ce qui est déjà fait ? »

Elle le devance. Elle parle bas et sur un ton presque mondain :

« Ah! je vois. C'était pour hier soir, n'est-ce pas ? Mon pauvre ange! Si j'avais su...

– Si tu avais su quoi ? »

Il en est réduit à reprendre ses interrogations sous forme de questions. Elle poursuit :

« Avoue que tu ne t'attendais pas à me trouver au Metropol ! Je comprends tout maintenant. Ton embarras... et quand je dis embarras... ta froideur, ta panique, ton envie de sortir, de t'échapper pour la prévenir. L'intruse, quoi ! La femme odieuse, celle qu'on n'attendait plus et qui se ramène, le bec enfariné, avec son plan de paix, et toutes ses illusions. »

Une serveuse dépose un plat de bœuf bouilli sur la nappe tachée de vermouth. Elle est énorme la serveuse, avec un visage poupin. Quarante-cinq ans, peut-être cinquante. Sans préalable, leur gros voisin lui met la main aux fesses. Elle se trémousse, glousse, et en redemande. Les clients se retournent, encourageant de la voix et du geste les amoureux terribles.

Louise semble ravie. Pas certain pourtant qu'elle le soit vraiment, mais elle rit. Il s'en offusque :

« Ça te fait rire ? Bravo !

– Oui, ça me fait rire, parce qu'eux, au moins, ils le font en face de tout le monde, et avec bonne humeur. L'ennui, avec toi, c'est que tu enrobes tout d'un romantisque échevelé. Dès que tu rencontres une fille qui pourrait t'aller, au lieu de l'essayer, tu commences à sublimer la situation. Au fond, mon cher David, tu n'es naturel qu'avec moi... »

Elle hésite un instant. Ce qu'elle s'apprête à ajouter est trop méchant. Tant pis. Elle le dit :

« Mais avec moi, ton naturel est naturellement emmerdant. »

Il a haussé les épaules. Il n'écoute plus, il est vaincu. Et comme si cela ne suffisait pas d'avoir perdu sur un front, il a l'impression que ça décroche aussi du côté de Laurence. Oh! Ça n'est qu'une impression, rien de plus. Mais tout de même, ce jeune Russe en fait trop à son goût. Toast après toast, il s'enhardit. Il lui caresse les cheveux, la prend par la taille. Le plus grave, c'est qu'elle rit, qu'elle s'amuse. Ce rire, David ne le supporte pas, il n'aime pas la savoir heureuse sans lui. Bon, d'accord, ça n'est peut-être qu'une apparente désinvolture. Après tout, ça n'est pas non plus très confortable pour elle de sentir la présence dans son dos d'un couple en crise.

Ils ont regagné leur wagon les premiers. Le couple est dur à porter et le vin cuit n'arrange pas les choses.

Louise s'installe sur sa couchette et demande :

« Tu me passes *Belle du Seigneur* ? »

Il ne manquait plus que ça. Comme il ne sait quoi inventer, il dit la vérité :

« Je le lui ai prêté.

– Ça lui plaît ?

– Je ne sais pas. »

Elle respire profondément et l'appelle.

« Viens près de moi. »

Il referme la porte du compartiment et va vers elle.

« Assieds-toi. »

Il s'assied. Elle lui prend la main. Consolante elle dit :

« Tu sais... Tout cela n'est pas grave. On s'en sortira tous les deux. »

Courageusement il répond :

« Même si on devait se séparer? »

Presque tendrement elle répond :

« Nous n'en sommes pas là. Viens. Allonge-toi! »

Est-ce le vermouth, l'émotion ou le mélange des deux, mais elle lui apparaît presque désirable. Yeux brillants, lèvres entrouvertes, elle ne dit rien, et pourtant elle l'appelle. Il est là, assis comme un gosse malheureux, auprès de sa mère qui veut le rassurer, mais il sait aussi qu'elle souffre, qu'elle attend sa tendresse. Dilemme! Que faire, céder ou résister? Que cherche-t-elle, à quoi ça rime? A quoi ça mène, bon Dieu! Il crie de l'intérieur, et elle l'entend :

« S'il te plaît, arrête de te poser des questions. »

Il s'allonge, elle le prend contre elle. La tête sur son épaule, il se laisse bercer. Il va sombrer, c'est sûr, et il s'y apprête. N'est-ce pas mieux en effet d'oublier l'autre, de tout effacer? Et si l'autre n'était là que pour les aider à se retrouver? Supposons que tout soit agencé, organisé au départ de Paris par une volonté divine. Supposons que Laurence ait été mise là tout exprès pour servir de catalyseur à un couple en crise qui attendait désespérément cette sorte de transplantation des sentiments amoureux. Persuadé que la vérité lui tombe du ciel, David sent le désir monter en lui. S'abandonner, la prendre, se donner, la posséder, s'inscrire en elle pour la vie. Grandir ensemble, vieillir et mourir la main dans la main. Donner à leur fille l'exemple unique d'un amour unique, donner à leur fille d'autres frères et d'autres sœurs. Vite, tout de suite, prendre, posséder, procréer!

Pauvre David! Le balancement régulier du corps de Louise a cessé. Penché sur elle, il ne peut que constater : elle s'est endormie.

Il s'en veut à mort d'avoir osé croire à l'impossible. C'est sa faute à lui, entièrement sa faute. Louise n'a rien dit, rien fait. Elle est raisonnable, il est fou. Elle l'aime, il n'aime personne, il aime l'idée d'aimer, c'est tout. Et pourquoi pas! « Aimer l'idée d'aimer », c'est peut-être cela qu'on appelle l'amour impossible et c'est énorme, gigantesque, épuisant. Tous ces déserts à traverser, toutes ces forêts à défricher, tous ces cœurs, tous ces corps à déchiffrer. Il regarde Louise dormir. Les lèvres et les paupières se sont refermées. Le menton est mou, l'ovale du visage un peu trop gonflé. Dommage, pense-t-il, dommage...

Il sort. Il est déçu de ne pas trouver Laurence dans le couloir. Il l'aurait voulue appuyée à la fenêtre, regardant à la fois devant et derrière elle, passe encore pour le devant. Il faut dire que le panorama n'est pas très enthousiasmant. On est en pleine zone industrielle, entre Danilov et Perm, et le paysage, une Sologne blanche, où l'on chasserait l'ours brun, est pollué de toutes les retombées.

Il s'approche du compartiment. La porte n'est pas vraiment close. Il colle son œil au jour et regarde. Autre déception : Laurence dort.

Il hésite à entrer; là-bas, au bout du couloir, assise auprès de son samovar, la cheftaine surveille. Très maligne, la vieille. Elle devine la pensée de David et fait « Niet » du geste.

Il s'accoude à la vitre et laisse aller ses pensées.

Il est malheureux de se trimbaler ainsi partout avec lui-même. Ici, c'est la Sibérie, le bout du monde. Il devrait se sentir léger, absent, insouciant. Il devrait perdre la notion du temps, passer le cap, et mettre la barre au large pour enfin respirer sans se regarder vivre. Je t'en fiche. Il est là, avec sa gueule moyenne d'Occidental moyen à sasser et à ressasser ses petits problèmes de cœur. Merde, mon petit vieux! Pense à autre chose. Tire-toi de là. Envole-toi dans les flocons de neige grise, et plane comme un oiseau de proie au-dessus des goulags. Atterris, mon vieux, oui, atterris donc maintenant parmi les prisonniers, et crie-leur que tu es malheureux. Allez, vas-y. Ose donc le faire! Raconte-leur un peu ton désastre...

Les yeux perdus dans le vague, il imagine la scène. Affreux et risible. L'angoisse le gagne, sa poitrine lui fait mal, sa gorge se serre, ses jambes se dérobent. Vite! Juguler le vertige, arrêter le malaise. Se mettre à penser à Laurence...

Laurence en a eu marre de ce type qui n'arrêtait pas de lui faire du pied et du genou. Passe encore pour le pelotage en surface, car elle espérait bien que David le remarquait. Elle riait très fort exprès, mais n'en avait aucune envie. Chaque fois qu'elle le pouvait, elle se retournait pour voir où en étaient ceux qui déjeunaient derrière elle. Pas si facile que ça de se retourner sans être surprise. On peut, certes, laisser tomber sa serviette deux ou trois fois, ou bien traverser le wagon comme si on était prise d'une envie de faire pipi, mais après, il faut se contenter d'imaginer.

Elle a quitté le restaurant quelques minutes après eux. Son bras lui faisait mal, très mal. Le jeune Russe a insisté pour l'accompagner et, en arrivant dans le soufflet, il l'a coincée contre la paroi en accordéon, juste le temps de prendre ses lèvres et ses seins. Elle s'était mise à crier, mais crier dans un soufflet, c'est comme de prêcher dans le désert, il n'y a personne pour vous entendre. N'empêche qu'elle s'était tellement bien débattue que le gars avait pris peur. Elle était entrée chez elle en douceur non sans avoir remarqué que le compartiment d'à côté était fermé. Ça l'arrangeait de ne pas croiser David avec toute cette suie plein les mains et les vêtements. Après avoir changé son jean et s'être nettoyée à l'aide de coton démaquillant, elle s'était plaquée contre la cloison pour surprendre un peu de cette conversation qu'elle redoutait. Rien. A croire que ses voisins dormaient. L'idée qu'ils pouvaient faire l'amour la troubla très fort. L'oreille collée, le cœur battant, elle s'était mise à l'écoute des bruissements, mais elle n'entendait que les coups sourds de son cœur et sa propre respiration. Soulagée, elle avait été entrouvrir sa porte, de façon à ce qu'il sache qu'elle était revenue, puis, prenant *Belle du Seigneur,* elle s'était assise, face au couloir, les genoux repliés sous le livre. Elle voulait lire en l'attendant, mais le vermouth brouilla sa vue et sa conscience.

Elles n'en finissent pas de dormir. Il va et vient dans le couloir descendant à chaque arrêt juste pour le plaisir de sentir sa peau attaquée par le gel. Comme il est en chemise, quelques secondes suffisent à le frigorifier, alors il remonte en claquant des dents et en battant des bras. Il se dit qu'à force de faire l'imbécile il va finir par attraper un chaud et froid et cette idée, d'ailleurs, n'est pas pour lui déplaire. Il se verrait assez bien hospitalisé dans un hôpital, entouré de ces deux Transsibériennes qui se disputeraient sa dépouille. Il rêve et il attend. Il rêve pour tromper l'attente, mais parfois le rêve se bloque, et il se retrouve en prise avec une réalité qui lui échappe complètement. Il est comme le chauffeur d'un camion fou dont les freins viennent de casser et qui déboule en pleine descente à travers la foule de ses fantasmes, incapable de redresser la direction.

Entre deux carambolages, il pense à la nuit qui arrive. Il se voit quitter Louise endormie. Peut-être lui aura-t-il fait prendre un cachet pour que le sommeil soit plus profond. Il se traite de salaud et sort sur la pointe des pieds. Il s'agit maintenant de tromper la surveillance du garde-chiourme. Ça, c'est une autre affaire. Comment l'amadouer ? Bien sûr qu'il pourrait voler les bas nylon de Louise et les lui offrir. Un risque à prendre. Ou bien alors, lui mettre un homme dans les pattes. Mais qui, et où le trouver, cet oiseau rare ? Et pourquoi pas lui ? Oui, lui-même en personne, se dévouant pour permettre à son double de rejoindre furtivement la petite Laurence...

Est-ce une transmission de pensée, une transmission de désir ? Le marin russe, celui qui ressemble à David Hemming, se pointe au fond du couloir. Il avance par bonds, comme un chat, de compartiment en compartiment, et David, qui n'est pourtant pas la proie convoitée, reste fasciné. Va-t-il bouger, s'interposer, lui défendre de rentrer chez Laurence ? Mais pourquoi ? De quel droit ? Il espère que la cheftaine va surprendre le type à temps. Peut-être doit-il tousser pour la prévenir. Il n'a pas à le faire...

Est-ce une transmission de pensée ou un reflet dans le samovar ? La cheftaine se retourne et bondit, les pincettes à la main, vers ce gars de la marine qui a délaissé sa classe « dure » pour venir tâter de la chair fraîche...

Le choc. Les hurlements. A elle seule, cette diablesse de femme repousserait l'armée chinoise. Le gars, bousculé, bat en retraite sous les coups de pincettes brûlantes. Il en prend plein les bras, plein la gueule, mais ça ne l'empêche pas de sourire. Ce qui importe, c'est de garder la face devant ces étrangers, leur faire croire que ces coups sont des caresses, que la vieille fait semblant, qu'il s'agit d'un simple jeu. Il voudrait qu'on le croie, bien sûr, mais ça ne prend pas. Laurence et Louise, réveillées par les clameurs, sortent en même temps de chez elles. Tout le monde, maintenant, est dans le couloir. Les Anglaises s'interposent au nom de la démocratie mais la mère est aussitôt prise à bras-le-corps et rejetée dans son compartiment. La fille, toute écuyère qu'elle est, perd l'équilibre dans la bousculade.

« Mais fais quelque chose ! » crie Louise à son mari.

Le mari ne bouge pas. Les autres hommes non plus.

« Qu'est-ce qu'il voulait ? » demande Louise à la jeune fille.

David regarde Laurence et dit :

« C'est vous qu'il voulait.

– Moi ?

– Oui. Je crois que vous lui plaisez. »

Il ajoute :

« Avouez que vous êtes drôlement bien gardée. »

Louise n'y résiste pas :

« Evidemment, on est moins libre ici que dans le Paris-Moscou. »

Laurence reste sans repartie. Gênée, elle regarde sa montre :

« Oh ! Déjà six heures ! »

Elle s'éclipse furtivement et ressort presque aussitôt avec sa trousse de toilette. Louise s'interpose et demande :

« Je peux venir avec vous ? »

Comme Laurence hésite, elle reprend :

« Ça sera bien plus pratique, vous verrez. L'une tient le robinet pendant que l'autre se lave. »

Elle est aussi étonnée que David. Le temps que Louise aille chercher ses affaires, il dit :

« Ça sera très dur pour ce soir avec cette vieille salope qui ne nous quitte pas des yeux. »

La vieille salope, justement, elle revient tout auréolée de sa victoire. Au passage, elle lance :

« Niet ! Niet ! Nielzia ! Nielzia ! »

A croire que tout ce qu'elle sait dire, c'est : « Non » et « Défendu ».

« Et ta femme ? souffle Laurence. Comment le prend-elle ?

– Trop bien. J'ai même l'impression que ça l'arrange. »

Il voudrait expliquer l'attitude de Louise, dire qu'elle préfère jouer les entremetteuses plutôt que d'être écartée complètement, mais Laurence ne lui en laisse pas le temps.

« Ça l'arrange ! Mais je ne veux pas, moi, qu'on s'arrange sur mon dos... »

La voilà qui se cabre. Pour une fois qu'il dit la

vérité, ça ne lui réussit pas. Vite... La reprendre en main.

« Ecoute. Laisse-la dire, laisse-la faire. C'est moi qui compte, pas elle. »

Elle s'écrie :

« Et moi ? Je compte pour du beurre ? »

C'est une phrase de petite fille, et elle la regrette. Trop tard pour la rattraper. Louise est là, en robe de chambre, avec son nécessaire de toilette, et un air de fausse gentillesse.

« Nous y allons ? »

Laurence n'a aucune envie d'y aller, mais elle suit. Elle sait que Louise va la dévorer, n'en faire qu'une bouchée. Bon sang ! Mais qu'est-ce qui lui a pris de s'amouracher de cette espèce de grand lâche qui promet monts et merveilles, des jeux délicieux, des lunes de miel, et qui vous ressort soudain une bonne femme de sa poche ? Et que fait-elle derrière cette femme, dans le couloir du train qui fonce à travers la Sibérie ? Bref éclair de lucidité. Les amoureux en ont parfois, mais ils referment aussitôt les yeux parce que la lumière ainsi projetée leur fait entrevoir le gouffre sur le bord duquel ils se tiennent. Tout vaut mieux que d'y retomber. Alors, tant pis. Restons aveugles et cognons-nous la tête contre le ciel autant de fois qu'il le faudra.

Louise regrette cette invitation à la toilette intime. Mais qu'est-ce qui lui a pris d'entraîner cette fille qu'elle connaît à peine dans les W.C. d'un train qui fonce à travers la Sibérie ? Peur, curiosité ? Allons donc ! Tout ça pour casser le cou à cette espèce de grand lâche de mari qui ne promet, hélas ! ni monts ni merveilles, ni jeux délicieux ni lunes de miel, mais tout juste l'établissement d'un bilan et qui vous sort soudain une autre bonne femme de sa poche. Bref éclair de lucidité. Louise n'est pas au bord du gouffre, elle est à l'intérieur, et depuis bien longtemps déjà.

Il va et vient dans le couloir en marchant de plus en plus vite au fil des minutes qui passent. Que se disent-elles, que font-elles ? Pourquoi cette immixtion dans les affaires intérieures du couple ? Mais qui s'immisce, et dans quel couple, l'ancienne dans le nouveau ou la nouvelle dans l'ancien ?

Il n'est pas le seul à s'impatienter. Une mère et ses deux gosses montés à Danilov attendent que les toilettes soient vacantes. L'un des gosses trépigne. Pour sûr qu'il va faire pipi dans son pantalon de gymnastique. Hypocrite, David prend à son compte la souffrance du môme qui se retient. Il frappe et crie au travers de la porte :

« C'est fini ou quoi ? Il y a des gens qui font la queue. »

A peine se sont-elles enfermées dans les toilettes que Louise en est revenue à son intention première. Oh ! Ça n'est peut-être pas qu'elle tienne envers et contre tout à son mari. Non, mais elle tient surtout à se tirer elle-même, et pas trop mal, de ce guêpier dans lequel il l'a fourrée. « Noyauter pour décourager », telle est l'intention première de Louise, intention que l'on pourrait croire un peu sommaire s'il n'y avait en appendice d'autres petites idées toutes prêtes à venir renforcer l'idée première.

Elle se défait de sa robe de chambre et dit :

« J'espère que ça ne vous gêne pas de me voir nue. »

Bien sûr que ça la gêne, mais comment et pourquoi répondre « oui »? D'ailleurs, Louise ne lui en laisse pas le choix :

« Vous devriez en faire autant. »

Tout de suite elle enchaîne :

« Je n'ai peut-être plus mon corps de vingt ans, mais avouez que je ne me défends pas mal. »

Elle s'examine, très sûre d'elle, dans la glace aux trois quarts désargentée. Elle a pris une attitude assez vulgaire et doit faire un effort pour continuer. Les jambes écartées, les doigts effleurant l'arrondi des seins, elle dit :

« En tout cas, mon mari ne s'en lasse pas. Après sept ans de mariage, c'est exactement comme au premier jour. »

Laurence est déconcertée. C'est la preuve que David a dû lui raconter sa vie en long et en large. Il faut donc en profiter, la cueillir à froid dans sa naïveté :

« En vérité, je ne le supporte plus. Ni lui ni ses assauts. Et figurez-vous qu'en plus il me refuse le divorce. Savez-vous seulement pourquoi je suis venue le rejoindre à Moscou? Pourquoi je suis dans ce train? »

Elle regarde Laurence qui ne sait plus que dire, puis, sans crier gare, sur un ton de patronne à bonne, elle lance :

« Qu'est-ce que vous attendez? Mais appuyez sur le robinet, bon sang! »

Laurence devrait lui balancer sa trousse de toilette à la tête et s'enfuir hors de ces toilettes, hors du train, hors de portée de ces deux êtres diaboliques, mais elle reste. Tout en elle dégringole et s'écroule. S'enfuir, ça serait tomber sans pouvoir se relever. Comment se redresser sans prendre appui ? Sur qui, sur quoi ?

Louise se savonne, l'air parfaitement à l'aise. Comment saurait-elle, cette petite fille, ce qu'il coûte d'efforts à cette femme qui essaie de se faire passer pour une autre. Elle attend la question de Laurence qui ne vient pas. Bon. Trop difficile sans doute à poser. Trop émue, trop paumée, la petite... Elle reprend :

« Vous voulez que je vous le dise, pourquoi je suis ici, avec lui ? Par pitié, mademoiselle. Parce que c'est un grand malade, un désaxé, un hypersensible, un type qui marche aux euphorisants. Oui, mademoiselle, par pitié ! »

Elle ponctue de la tête sa dernière phrase. En vérité, elle est à bout de souffle et d'inspiration. Changeant d'humeur elle dit :

« Bon. C'est à moi, maintenant, de tenir ce robinet. Allez, un peu de courage, déshabillez-vous ! »

Laurence se raccroche aux ordres. Un peu de courage. Elle en a de bonnes, la dame ! Une petite lueur dans le noir, malgré tout. Si David est un grand malade, un hypersensible qui marche aux euphorisants, ça veut dire au moins qu'il ne s'est pas joué d'elle, qu'il y a cru, qu'il était sincère. Oh ! ce n'est pas le point d'appui qu'elle aurait souhaité, mais que peut-elle faire d'autre que de continuer à porter en elle cette espèce de faux grand amour, jusqu'à ce qu'il se décroche tout seul ? On peut tomber amoureuse d'un seul coup, mais pour s'en défaire aussi vite, c'est une autre histoire. On peut se débarrasser d'un fœtus, mais d'un amour avorté, ça reste là en vous, ça se voit, ça se ressent, ça pèse lourd et longtemps.

Elle se déshabille machinalement, maladroitement. Elle se revoit quelques années en arrière dans un dortoir de filles au Chambon-sur-Lignon, au milieu de ses copines qui s'apprêtent à la charcuter avec des aiguilles à tricoter...

Soudain, Louise la saisit par le bras.

« Faites voir ça ! »

Toutes deux regardent. Là, juste au-dessus du poignet, une sale plaie enflée qui suppure.

Finies la cruauté, les piques, les manœuvres. Louise redevient elle-même :

« Mais ça doit vous faire horriblement mal. Il faut soigner ça tout de suite. »

Louise presse sur les bords de la plaie. Laurence se retient de crier. Elle résiste. Ça lui fait du bien d'avoir mal.

Louise, efficace, cherche dans son sac de toilette :

« Ah ! Voici le mercurochrome. Attention, ça va piquer. »

Oui, ça pique. Ça pique, mais ça fait de plus en plus de bien.

« Je me demande avec quoi vous avez pu vous brûler de cette façon-là. Pas avec un fer à repasser, tout de même ? »

Derrière la porte, la voix de David :

« C'est fini, ou quoi ? Il y a des gens qui font la queue. »

La voix de Louise :

« Au lieu de rester là comme un imbécile, va donc demander à la cheftaine si elle a de la pénicilline. »

Sursaut et désarroi de David.

« Quoi ? Qu'est-ce que c'est ? Qui est blessé ? »

La porte qui s'entrouvre. Le visage de Louise très pâle :

« Calme-toi, mon chéri, ce n'est rien, juste un petit bobo. »

La porte qui se referme. David qui s'élance dans le couloir. Se sont-elles battues et avec quoi ? A coups de ciseaux ou à coups de dents, et qui a commencé ? Au fait, laquelle des deux est blessée ?

« Pénicilline... pénicilline ! »

Invention américaine et mot magique. La cheftaine comprend immédiatement ce qu'on lui demande, mais elle veut connaître la nature du mal, et presser elle-même sur le tube. On ne confie pas comme cela un médicament aussi coûteux à un étranger. La mallette frappée d'une croix rouge sous le bras, la voici qui se dirige vers les toilettes. Les deux femmes en sortent au même moment, si bien que tout le monde se retrouve dans le compartiment de Laurence.

Une sale blessure en effet, et pas très jolie à voir. David affolé s'exclame :

« Mais qui vous a fait ça ? »

Louise, qui tient la blessée par la main, réplique de très haut :

« Moi, bien sûr ! C'est ce que tu penses, n'est-ce pas ? »

Elle n'a pas apprécié le ton anxieux de son mari, alors elle repart dans l'agressivité, s'adresse à la petite et dit :

« Qu'est-ce que je vous disais ! »

Une phrase courte que chacun peut compléter à sa façon. Il tombe dedans :

« Quoi ? Qu'est-ce que tu as dit, et de quel

droit ? Qui donc t'a autorisée à parler de moi ? Je suis assez grand pour le faire tout seul.

– Ah ! oui, eh bien, tu vois ce que ça donne quand tu parles de toi ! »

Elle montre la brûlure de Laurence que la cheftaine, restée sourde à l'appel des passions, a entrepris de désinfecter. Le mal est important. On ne gâchera pas la pénicilline pour rien.

Regard de Laurence vers David. Des larmes plein les yeux et les joues. Douleur physique ou souffrance morale ? Il est en plein désarroi, n'empêche qu'il se surprend tout de même à préférer la seconde hypothèse.

Petit cri de Laurence qui détrompe aussitôt David. A l'aide d'un scalpel, la cheftaine ôte un peu de chair morte qui blanchit le pourtour de la plaie. Qui l'aurait cru, elle est délicate, la diablesse, presque affectueuse; une petite caresse par-ci, un petit mot par-là d'une vraie tendresse, et David en est un peu jaloux. Il attend, il subit. Laquelle des deux va lui donner des explications ? Il attend, n'osant regarder sa femme, ni poser la question qui le ronge. Que veut-elle dire par : « Tu vois ce que ça donne quand tu parles de toi. » Comme s'il était responsable de cette blessure. Non ! Il ne se sent responsable de rien. Il a été sincère avec Laurence comme il a été sincère avec Louise. Ce n'est tout de même pas sa faute si Louise n'est pas partie avec lui. Tout de même pas sa faute si elle est venue le rejoindre à Moscou avec des tas de résolutions qui n'étaient pas prévues au départ. Pas sa faute s'il s'était retrouvé seul dans un train en partance pour Moscou, seul avec ses préoccupations et ses emmerdements, seul avec sa vie à mettre au point. Tout de même pas sa faute si cette fille blonde et bleue était montée avec son apparence de fraîcheur dans le même train, pour y faire le même voyage et la même mise au point. Tout de même pas sa faute s'ils ont été projetés l'un contre l'autre dès les premiers virages, dès les premiers regards, par la force centrifuge de leur faiblesse commune. Pas sa faute la présence du cercueil dans son compartiment. Pas davantage sa faute le cri de cette fille lancé au milieu de la nuit comme un appel au secours.

Il pourrait continuer comme cela assez longtemps à énumérer des « Pas sa faute... », mais Louise, le jugeant mûr à point, décide de le coincer dans le même piège que Laurence. Comme il lui faut d'abord appâter, elle dit :

« Quel drôle de couple vous faites ! En arriver là en quelques jours, c'est pas de l'amour, c'est de la rage. »

Ensemble, ils se tournent vers Louise, tandis que la cheftaine remballe ses médicaments. Quelques secondes d'une intensité dramatique incomparable, et puis Louise, très sûre d'elle, ouvre la trappe :

« Tu sais comment elle a fait ça, cette si gentille petite jeune fille ? »

Sursaut et défense de Laurence :

« Je vous interdis de lui dire.

– Mais si, ma petite. Il doit savoir que vous y avez cru et que ça vous a fait mal. Sinon, il recommencera demain ou après-demain avec une autre. Je le connais, moi, vous savez ! »

Il est abasourdi, sans réaction. Elle s'interrompt pour permettre à la cheftaine de partir avant que le piège ne se referme.

Gros sanglots de Laurence qui, faute de pouvoir s'en sortir, se réfugie dans le désespoir. Une autre façon de se brûler. Le doute ne l'effleure même pas. Elle croit à ce que dit la femme comme elle a cru à ce que lui a dit le mari, et comme elle croira demain encore le premier venu qui saura mêler si intimement le mensonge et la vérité à ses propres confusions. Croire à ce qui l'arrange, croire à ce qui la sauve, croire à ce qui peut l'entraîner, toutes voiles dehors, vers ce qu'elle voudrait être, vers ce qu'elle voudrait ne plus voir. Elle est dépassée, débordée, condamnée, et pourtant, elle se prend à espérer son recours en grâce. Peut-être va-t-il rejeter sa femme, se précipiter vers elle, la prendre dans ses bras et lui crier : « Je t'aime. » C'est le moment ou jamais, il peut le faire, il doit le faire.

Oui, on pourrait croire un instant que David a entendu son appel. Croire qu'il va venir à elle et rejeter sa femme. Mais pas du tout. Il est bien trop perdu pour retrouver le sens des gestes et des mots, bien trop troublé pour s'acheminer jusqu'à l'horizon d'une ligne droite, bien trop lâche pour affronter Louise et supporter d'être confronté par elle à Laurence. Reste la voie de garage vers laquelle brusquement il s'engage : la porte.

Louise n'a pas le plaisir d'entendre les mâchoires du piège se refermer sur lui. Qu'à cela ne tienne, la trappe reste ouverte, mais l'air alentour est parfaitement bien empoisonné. Pas assez toutefois au gré de Louise qui sort derrière son mari.

Tous deux sont maintenant dans le couloir, face à la nuit qui tombe sur les faubourgs de Perm.

Dehors, c'est l'Oural, avec ses cheminées d'usines qui crachent des lueurs rougeoyantes dans un ciel d'acier. Ici, c'est la morne plaine où vaincus et vainqueurs ramassent leurs cadavres en s'observant du coin de l'œil. Dehors, un million de métallos se forgent un monde meilleur. Ici, deux dessoudeurs qui mettent leur avenir en miettes. Là-bas, des centaines et des centaines de camions qui roulent derrière le faisceau de leurs phares jaunes, sur la rivière Kama gelée jusqu'aux arêtes de ses poissons. Ici, deux vagues touristes occidentaux qui roulent, chacun pour soi, dans un extraordinaire embrouillamini de contradictions, où l'on s'enfonce chaque fois un peu plus comme dans des sables mouvants.

Le train ralentit et s'arrête. Partout, de la neige et du gel. Louise rompt le silence de glace :

« On étouffe, là-dedans ! Si on descendait un peu ? »

Il savait qu'elle allait parler, mais il ne s'attendait pas à ça. Il hésite... elle insiste :

« Allez, viens ! On s'habille, et on sort. »

Perm. Dix minutes d'arrêt.

Ils sont là sur le quai, à battre des bras et à taper du pied, tout en lançant des mots qui se perdent dans la buée, tandis que les voyageurs, tels des moineaux affamés, s'abattent sur les échoppes des babas emmitouflées jusqu'aux yeux, et qui se tiennent raides comme les poupées de bois qui décorent leur étalage.

Vite en profiter pour le mettre hors de combat :

« Je t'assure, cette petite n'est pas normale. »

Devant son air incrédule, elle insiste :

« Enfin, David ! Réfléchis un peu. On ne se

brûle pas jusqu'à l'os avec une cigarette sous prétexte de transformer sa souffrance morale en douleur physique. Faut être cinglé.

– Quoi ! Qu'est-ce que tu racontes ?...

– Je raconte ce qu'elle m'a dit. Tu sais, ces choses-là ne s'inventent pas. »

Il cesse de faire des moulinets avec ses bras, et se plante devant elle. Il va dire quelque chose, c'est sûr. La vérité c'est qu'il ne sait pas sur quel ton le dire. Quelques secondes de froid intense durant lesquelles ses veines semblent charrier des glaçons, et puis enfin il crie :

« Vous m'emmerdez ! Tu entends, Louise ! Vous m'emmerdez toutes les deux. »

Bien sûr qu'elle entend, et ce qu'elle entend ne peut lui faire davantage plaisir.

Il court à présent, pauvre adulte meurtri, le long du transsibérien de ses rêves d'enfance, à la recherche de sa voiture; son seul refuge ici. Au passage, il surprend Laurence, qui guette derrière ses stores de toile noire.

Il s'arrête net sous la vitre du compartiment et gueule :

« J'en ai marre ! Vous entendez ! Marre ! Mais laissez-moi vivre, nom de Dieu ! »

Bien sûr qu'elle entend, et ce qu'elle entend de David ne lui fait pas un mal atroce. Elle aussi, elle en a marre, et elle reconnaît qu'il a raison. Mais qu'on la laisse vivre, nom de Dieu ! Elle en a marre de ce type, de cette bonne femme, de ce voyage, de cet amour passé, cent fois depuis le départ, sous les roues du convoi. Oui, marre de cet amour écrasé, tellement disloqué qu'on ne peut même plus le ramasser.

Comment pourrait-elle savoir, cette fille, que

David est son pareil, qu'elle est sa doublure, qu'ils sont faits l'un et l'autre de la même étoffe ? Quelque chose de pas très solide et qui se déchire pour un rien, mais qui, somme toute, se raccommode assez facilement, et qu'on porte tant bien que mal sur le dos, avec un certain chic, malgré toutes les reprises, toutes les cicatrices, toutes les brûlures de cigarette et toutes les taches qui s'accumulent au cours de toutes ces sorties de soi-même, où le réel et l'imaginaire font une bringue à tout casser.

Le transsibérien repart au-devant des jours qui s'allongent. Adieu Perm. Vive l'avenir.

Preuve d'indépendance et de continuité dans ce ras-le-bol soudain, David se rend seul au wagon-restaurant. A son arrivée, Vladimir, le maître des lieux, quitte sa caisse et vient à lui. Vladimir est arménien. Il aime la France, les Français, et connaît quelques mots de la langue.

De nouveau le petit nègre est roi.

« Vous... manger ?

– Non ! Moi... boire ! Beaucoup boire.

– Boire ?... Bon. Très bon. Good. Kharocho. »

Le coup d'œil de patron sur sa clientèle qui encombre tables et couloir. Mangeurs de bortsch et buveurs de vermouth, ils sont là, cuillère à la bouche, bouteille à la main, hiver dans les yeux, à poursuivre imperturbablement on ne sait quel parcours chimérique.

« Tout complet. Tous fous. Tous soûls. Vous... boire avec femme à vous ?

– Non. Moi... boire tout seul. »

Sourire intelligent de Vladimir.

« Vous... tout seul! Bon. Très bon. Good. Kharocho! »

Il entraîne le Français auprès d'une table réservée au service, et sur laquelle s'entassent poissons fumés et pâtisseries.

« Vous, place ici! Good. Kharocho! »

David remercie et s'installe derrière la saumure et le sucre.

Vladimir frappe dans ses mains et lance un ordre. Une serveuse accourt. Elle fend la foule des collectionneurs de cuites et dépose sur la table une bouteille de vodka.

« Good. Kharocho! Vous... boire... et malheur partir. »

David le regarde, étonné. Ça se voit donc tellement. L'autre débouche la bouteille et poursuit :

« Femme Sibérie... Niet! Sibérie. Bon pour homme. Sibérie. Pas bon pour femme. Sibérie. Toujours le froid. Sibérie. Toujours dispute. »

Vladimir remplit les verres.

« Très fort. Très bon. Good vodka, kharocho! Malheur partir. Bonheur venir. »

Tintement des verres qui s'entrechoquent.

Les regards qui s'accrochent, la bravade, le cul sec. L'alcool qui brûle la gorge et qui tombe lourdement dans l'estomac comme un métal en fusion. Les boyaux qui se tordent, les joues qui s'enflamment, le buveur qui s'efforce de n'en rien laisser paraître, et de nouveau, le regard qui s'accroche à l'autre regard comme un wagon à sa loco. Suivre coûte que coûte celui qui entraîne le convoi vers l'erreur d'aiguillage, et qui va enfin permettre le déraillement souhaité par le buveur.

A la troisième tournée, les rails sur lesquels

David fonctionne sont déjà suffisamment dilatés. Il lève son verre et porte un toast.

« Femme Sibérie... Niet ! »

L'autre pris par la grandiloquence répond :

« Da... Da. Femme Sibérie... Niet ! »

On trinque, on avale, on rit. On entretient l'amitié et la virilité. Les toasts se succèdent à une cadence de stakhanoviste :

« Sibérie. Pas bon pour femme.

– Da, da. Sibérie. Pas bon pour femme.

– Sibérie. Toujours dispute ! »

– Da, da. Sibérie. Toujours dispute ! »

Les verres qui tintent, les yeux qui brillent, et le feu qui prend aux ongles et qui gagne aussitôt la racine des cheveux, incendiant du même coup le cerveau, jusqu'à faire paraître géniales les pensées les plus stupides :

« Amour... Niet ! Amitié... kharocho !

– Da... da... Amour... Niet ! Amitié... kharocho ! »

Vladimir est rappelé à sa caisse. Plus personne donc pour ramener David à la raison.

Se noyer, oublier, s'oublier. Expulser de lui-même une fois pour toutes ces deux Transsibériennes qui le traquent.

Levant sa bouteille vers la table voisine il hurle :

« Louise. Niet ! Laurence. Niet ! Liberté. Niet.

– Da ! Da ! Kharocho ! » reprennent les autres en trinquant.

Bouteille de vodka contre bouteille de vermouth, échange de boissons et de tristesse. David tète au goulot. Ça ne se fait pas, c'est mal vu. Les autres lui tournent le dos et boivent entre eux, à leur façon, à leurs problèmes.

Coup de tristesse subite. Le buveur a besoin de se sentir soutenu par la population. Boire seul, c'est retomber d'un seul coup sur la terre, et tourner en même temps qu'elle autour de sa médiocrité.

Brouillard dans les yeux, plomb dans les jambes. Soudain, là-bas, tout là-bas, très loin, Louise qui semble surgir d'un nuage de brume. Vision fantomatique ou réalité? Vite! Rassembler ce qui lui reste de lucidité pour éloigner le cauchemar. Il se lève et crie pour que Vladimir entende :

« Niet! Femme... Pas bon! Femme... Moi pas vouloir! »

Le sauveur a entendu et intercepte la femme qui n'était pas venue chercher son mari, mais simplement prendre de quoi manger. Vladimir la repousse, avec des mots plutôt gentils et promet de faire porter un plateau dans le compartiment.

Non, il ne s'agit pas d'une vision. C'est bel et bien Louise en chair et en os. Elle repart sans insister. Elle n'est pas mécontente de l'avoir vu s'enivrer. Plutôt salutaire après tout de se soûler la gueule. Ça lui est arrivé deux ou trois fois depuis qu'ils sont ensemble et curieusement ça l'a aidé à clarifier ses pensées. A croire que l'alcool, comme la nuit, porte conseil.

Debout, chancelant entre l'ivresse et les cahots du wagon, David remercie Vladimir. Il brandit son verre et trinque à distance :

« A Vladimir! A mon frère soviétique! A l'amitié des peuples! A la paix! »

Vladimir lui renvoie le toast en russe. Toast repris aussitôt par le wagon tout entier. Aucun Soviétique ne résiste à l'appel de la paix et de l'amitié. Les verres se lèvent, David se rassied. Il n'est plus seul, il peut enfin décoller et tourner sur lui-même à une hauteur pourtant fort peu élevée de la terre.

L'apparition dans le wagon-restaurant d'une famille de Tziganes montée au précédent arrêt avec baluchons, violons et balalaïkas va permettre à David de s'embarquer encore plus loin dans le délire. Il sait que pour se retrouver, il est nécessaire de se perdre. Oh! pas une petite perte de soi-même dans quelques oubliettes désaffectées mais plutôt continuer son ascension dans l'imaginaire.

Ça n'est pas vraiment la musique typique qui le fait grimper, ni la mère aux cheveux graisseux ni le père à la joue balafrée, mais c'est l'autre. L'autre, une adolescente, toute de vivacité et de haillons avec laquelle il s'embarque aussitôt vers les sommets.

La petite, surprise, examine l'étranger. Elle s'esclaffe et va vers lui la main tendue. Elle veut de l'argent, pas une poignée de main. La paume et la bouche ouvertes, elle reste là, narquoise, attendant qu'il se décide enfin à lancer quelques roubles. Il ne la regarde pas, il la contemple. Ça n'est pourtant qu'une petite jeune fille sale, avec juste ce qu'il faut de négligé pour lui apparaître libre et provocante. N'empêche que, déjà, il lui érige une statue.

Une envie terrible de la prendre dans ses bras, et de la serrer à la vie, à l'amour, en lui écrasant de baisers avides ses petites lèvres couleur cerise.

Elle est là, devant lui, la main tendue, la jambe en avant, prête à s'enfuir dès qu'elle aura reçu son aumône.

Il est là, lui, tristement exalté, assis au milieu

des harengs de la Baltique et des pâtisseries orientales, à terminer sa bouteille de vodka, sans comprendre qu'il doit donner, et pourtant il donne tout. Les apparences, bien sûr, sont contre lui, et la petite n'a que faire de ce cadeau-là. Sait-on jamais ? Et comment pourrait-elle imaginer, cette gosse dépenaillée, qu'elle inspire de tels sentiments en tendant la main ?

Bien sûr, il est imbibé d'alcool, mais il y croit, il y pense, il s'y voit. C'est d'abord une image. Lui et elle, courant dans une forêt. Ils sont côte à côte, emportés par la même foulée, les yeux rivés sur la perspective d'une allée au bout de laquelle devrait se trouver la clairière. Combien de temps court-il ainsi ? Des années-lumière de rêves, ou juste le flash d'un éclair ? Tout à coup l'image se déchire. La petite trébuche et s'étale dans les ronces. Il se baisse et s'apprête à la relever pour continuer sa course vers cet espace dégagé où il a choisi de bâtir sa maison, leur maison, quand un poing s'abat sur la table :

« Roubli... roubli... »

Evanouies la forêt et la maison dans la clairière. C'est la chute libre. « Roubli... roubli... », il n'y a pas à s'y tromper. Roubli, roubli ! ça ne veut pas dire : « Mon amour » en russe.

« Roubli... roubli !.. » répète-t-elle en tapotant sur le bras de l'étranger.

Il est revenu à lui.

« Da, da. »

Ça lui fait du bien de dire quelque chose. « Da, da », ça lui donne le temps de ramasser les morceaux d'illusion.

Il porte la main à sa poche et la fouille. Les mouvements sont lents, la pensée vaseuse. La main ressort pleine de billets. Pas le temps ni la volonté de trier ce qu'on donne ou ce qu'on garde. Il tend le tout.

Le regard de la petite Tzigane hésite. Une lueur passe dans les yeux, une lueur bleue, comme la peur, et puis, d'un coup, les doigts devenus piranhas fondent sur les billets et les dévorent.

Rires et bravos fusent des tables voisines. La balalaïka du père se fait plus présente. La petite fait signe qu'elle voudrait remercier l'étranger. On s'écarte alors pour la laisser danser dans la travée, et tandis qu'elle bat des mains en tournant d'ailleurs assez maladroitement sur elle-même, David reprend son ascension. Il pourrait acheter la petite à ses farouches parents. Descendre à la prochaine et vivre en clandestin entre Tyumen et Omsk, dans un refuge de chasseur d'ours. David Feyder, ça sonne aussi bien que Michel Strogoff. Il pourrait aussi regagner Moscou en compagnie de la petite, et demander à l'ambassade de France de lui faciliter l'obtention d'un visa. Et puis, vivre à la colle en attendant que le divorce soit prononcé. Où l'installerait-il? Dans un studio près du bureau, ou bien à Louviers, chez sa mère? Il opte pour Louviers. Il y a davantage d'espace et puis ça lui reviendrait moins cher. Mais d'abord, il faudrait lui faire prendre un bain, l'habiller, l'éduquer. Peut-être lui donner des cours par corespondance, lui apprendre à lire et à écrire en même temps qu'à se tenir à table et l'emmener chez un grand couturier pour la mettre à la mode. Non, stupide. Rien ne vaut une petite robe de Prisunic. Les Tziganes s'habillent d'un rien. Elles ont le port facile, et tout leur va. Stupide de dépenser de l'argent.

Mieux vaudrait s'arranger avec Louise pour qu'elle refile quelques-unes de ses vieilleries.

Il s'en veut de commencer à radiner avec une fille qu'il vient d'acheter pour une bouchée de pain. Il se ressert de vodka. Pas de quoi remplir son verre. Vite, commander une autre bouteille, deux autres, dix autres, et porter d'innombrables toasts à toutes les familles de Tziganes, qui transbahutent encore leur bohème et leur survivance du golfe de Botnie à la mer de Chine.

Les bouteilles, hélas ! arrivent trop tard. Le train stoppe. Où sommes-nous ? Impossible de lire le nom de la station. Deux minutes d'arrêt. Fini la musique. Adieu, Tziganes, au revoir, petite fille.

La voici qui s'en va avec son balluchon sur le dos. Elle marche droite et fière dans le froid qui mord la chair.

Le front appuyé à la vitre, il espère qu'elle va se retourner sur lui. Il attend son geste pour faire le sien. Mais, bon Dieu ! qu'est-ce qu'elle attend pour l'appeler ! Juste un regard, rien qu'un seul petit coup d'œil de rien du tout suffirait à le faire descendre. Trop tard. Le convoi démarre. L'idiote n'a pas saisi sa chance !

Faut-il en pleurer ou en rire ? David réfléchit intensément à la question. Ça ne tourne pas très vite dans sa tête, mais il en arrive tout de même à la conclusion que la petite Tzigane lui a permis d'oublier Laurence. Est-ce la Tzigane ou la vodka ?... Est-ce que Laurence ne serait pas, elle aussi, une espèce de Tzigane ?... Ou plutôt, est-ce que la Tzigane ne serait pas une espèce de Laurence ?... Il y a sûrement du vrai là-dedans. Au fait, est-ce que la vodka ne serait pas, elle aussi, une espèce de Louise qui s'amuserait à brouiller l'esprit et les cartes, histoire de le récupérer plus facilement ? Qu'importe ! Il va continuer à boire jusqu'à tomber de sa chaise.

Louise a convié Laurence à partager son plateau. Geste purement humanitaire ? Pas certain. Laurence a entrebâillé la porte juste pour remercier. Elle n'a ni envie de manger ni envie de parler, et encore moins celle de rester en tête-à-tête avec cette femme qui n'a pas son pareil pour dévorer ses voisins. Non. Elle ne veut ni manger ni se laisser manger. Elle en a marre du cannibalisme, marre de se laisser traiter en victime, marre d'être prise en charge. Fini, terminé. Elle va apprendre à s'assumer et à se mettre à l'écoute d'elle-même. Tenir deux jours. Ne pas descendre comme prévu à Irkoutsk, continuer toute seule le voyage.

Sa décision la réconforte. Ne pas flancher, fermer sa porte à clef, fermer ses bras et son cœur à tout ce qui pourrait la rendre à nouveau vulnérable.

Elle s'étire et bâille. Elle se sent lasse et fiévreuse comme si elle relevait de maladie. La voici donc en convalescence. Elle entreprend de se déshabiller. Difficile, douloureux : son bras lui fait mal. D'abord fermer sa porte, ensuite fermer les yeux. Prendre le sommeil à haute dose et s'en soûler. Elle s'allonge. Comment dormir sans compter ses bleus à l'âme, ses déceptions, comment faire passer le marchand de sable sans compter les moutons ? Comment s'écrouler jusqu'au lendemain matin sans recourir aux hypnotiques ? Elle sait comment. Depuis l'enfance elle se caresse...

De l'autre côté de la cloison, Louise lutte pour obtenir l'effet contraire. Ne pas s'endormir, tenir le coup jusqu'à l'heure de la fermeture du wagon-restaurant, accueillir David avec le sourire et des aspirines. Paraître enjouée, suffisamment détachée et lancer, mine de rien, à la tête de son ivrogne de mari, cette petite phrase qu'elle a concoctée : « Tu sais, j'ai réfléchi, il vaut mieux que nous en restions là. »

« En rester là... » ça peut vouloir dire « arrêtons le voyage... » aussi bien que « cessons la vie commune... » ou que « finissons-en de nous déchirer... »

Elle connaît sa réaction. Il va la regarder assez longuement, le temps de tourner la phrase dans tous les sens, et puis il finira par dire :

« Tu peux répéter, s'il te plaît ? »

Elle répétera, sans appuyer, sans insister, de manière à lui laisser le choix de l'interprétation. Oh ! oui, elle le connaît son bonhomme. Faire un choix, c'est avoir une préférence, c'est prendre parti; il en est incapable. Ce qu'elle veut : gagner du temps, lui laisser croire qu'il a enfin décidé quelque chose. Elle espère qu'il se prendra les pieds dans la réflexion, tel le bovin dans son entrave. Mais Louise a d'autres atouts dans son jeu. Dans deux jours ils arriveront à Irkoutsk, et elle fera en sorte que la petite d'à côté ne s'y arrête pas. Oui, tenir deux jours pour le tenir à vie ! Après tout, ça n'est pas la mer à boire.

CHAPITRE X

Rien ne s'est passé comme prévu. Ils s'y étaient mis à trois pour ramener David. Vladimir soutenait la tête, les deux autres les jambes. Ils avaient ainsi traversé plusieurs wagons, et sur leur passage, une vieille femme s'était signée.

Le K.O. total. L'état de coma. Le grand déraillement.

Louise avait cru à l'accident.

Maintenant il repose inconscient, cuvant sa biture, il est bourré à mort, schlass, complètement cuité. Le monde pourrait s'écrouler qu'il ne s'en apercevrait pas, c'est mieux ainsi, car autour de lui justement, le monde se met à bouger, précipitant les événements vers l'inattendu.

Des cris atroces qui réveillent Louise. Les hurlements viennent du compartiment voisin. Affolée, elle passe un peignoir et sort. D'autres passagers sont déjà là, échevelés, hagards. Voici la cheftaine qui accourt en jupon rose et en bigoudis, une matraque à la main.

C'est la confusion, une vraie gabegie de suppositions. On croit au meurtre, au viol, au fou. On cogne à la porte, on introduit le passe.

La porte s'ouvre, les cris cessent. On s'apprête à lyncher le coupable.

Personne d'autre qu'une petite jeune fille en sueur assise sur son lit, et qui regarde, ébahie, comme tombée des nues, cette foule surgie de la nuit.

Soulagée, la cheftaine gueule pour faire le vide. Les Russes se dispersent. Seule la Française est admise auprès de Laurence.

Chassé-croisé des questions et des réponses. Traduction simultanée et émotions diverses.

« Que se passe-t-il ?

– Qu'avez-vous ?

– Un cauchemar !

– Pas possible.

– Mais ces cris ?

– A mon avis, vous faites de la fièvre.

– Moi ? Vous croyez ?

– Oui, Il faut prendre votre température. »

Du coup, la cheftaine s'en va chercher un thermomètre.

« Vous avez vu votre bras ? La plaie est infectée.

– Il faut soigner ça radicalement.

– Vous risquez la gangrène !

– Moi ? Vous croyez ? »

Louise éponge la sueur, caresse les joues, les cheveux. Très maternelle, cette femme. Très femme, cette mère.

Louise voudrait bien connaître la nature du cauchemar. Laurence veut bien prendre sa température, mais elle n'a aucune envie de faire des confidences. C'est vrai qu'elle se sent mal foutue. Les jambes sont molles, la tête est lourde, les articulations sont comme endormies. Mais Laurence n'est pas seulement malade, elle est aussi honteuse de s'être laissé surprendre dans ce qu'elle a de plus secret. Elle voudrait partir, s'enfuir à tout jamais de ce train, s'éloigner de cette femme et de ses caresses. Et l'autre! Que fait-il? Pourquoi n'est-il pas là près d'elle?

Louise la devance :

« Mon mari est ivre mort. Je crois que la Sibérie ne lui réussit pas. »

Petit rire de Louise. Retour de la cheftaine et introduction du thermomètre dans la bouche de Laurence. Elle se sent bâillonnée, comme prise en otage. Les deux autres sont là sans rien dire, attendant le coup de fil qui annoncera la remise de la rançon. Voilà, ça sonne! Quarante et un et cinq dixièmes. Mon Dieu, ce n'est pas ce qu'on espérait. Panique, discussions, décisions :

« On va vous descendre au prochain arrêt.

– Sverdlovsk. Hôpital. Kharocho!

– Moi? Vous croyez?

– Bien sûr! Là-bas, on va vous soigner.

– Sverdlovsk, mais c'est où? C'est quoi, Sverdlovsk?

– Sverdlovsk, voyons. Une grande ville, deux millions d'habitants.

– Ah! oui, Sverdlovsk. Très bien, comme vous voulez!

– Ça n'est pas comme on veut, mon petit, c'est votre état qui le nécessite. Dans deux ou trois jours, vous serez remise sur pied.

– Oh! oui, vous avez raison. Je crois que c'est préférable. »

Elle a prononcé cette phrase sur un ton presque enjoué.

Louise étonnée répond :

« On dirait que ça vous fait plaisir.

– Très plaisir. A vous aussi, n'est-ce pas ?

– Vous plaisantez », lance Louise agacée d'avoir été confondue.

Non, personne ne plaisante, et le destin encore moins. L'heure de l'échéance s'est avancée toute seule. Pas la peine d'attendre Irkoutsk pour se retrouver entre soi, plus besoin de tirer des plans sur la comète, ou de forcer sa volonté, les choses sont à présent singulièrement simplifiées. Il aura suffi d'un accès de fièvre et d'un appel radio.

Sverdlovsk. Quatre heures du matin. Une ambulance à quai. La cheftaine qui soutient Laurence. Louise qui porte les bagages. David, toujours entre le petit et le grand sommeil, aux confins du pays sage et de l'état morbide.

Un dernier regard de Laurence vers le wagon qu'elle vient de quitter. Elle se penche maintenant pour entrer dans l'ambulance. Le froid qui congèle la fièvre, les mâchoires qui claquent, les adieux de Louise.

« Je peux vous embrasser ? »

La réponse de Laurence :

« Vous croyez ? »

Elles s'embrassent. Une vraie émotion. Louise en pleurerait. Elle dit :

« J'aimerais bien vous revoir. »

Etonnement de la petite :

« Moi... oui, mais où ?

– Peut-être à Irkoutsk. En tout cas, à Paris.

– A Irkoutsk... vous croyez ? »

Laurence a de plus en plus froid, de plus en plus mal. Réplique de Louise :

« Supposons que l'on ne vous garde ici qu'un seul jour ?

– Vous croyez qu'un jour suffirait ? »

Louise n'en peut plus de ces : « Vous croyez ? » L'énervement fait place à l'émotion. Ces « vous croyez » sont-ils une manière de se laisser porter par les autres, ou bien une façon de les provoquer ?

La cheftaine, par chance, précipite la séparation :

« Skoreï (vite, vite). »

L'une qui s'en va, l'autre qui revient. Le troisième, toujours absent.

CHAPITRE XI

IL est midi. On a dépassé Omsk. Le transsibérien se traîne le long du fleuve Irtych. Deux mille neuf cents kilomètres d'une piste glacée qu'empruntent les camions, roulant ainsi sur l'eau jusqu'au confluent de l'Ob, et même plus haut qui sait, jusqu'au pied de l'Altaï.

Sur la gauche, la morne plaine blanche. Des isbas couleur pastel, et plus loin, à mi-chemin du regard et de l'horizon, la ligne menaçante d'une forêt où chaque arbre est comme une âme morte, qui attend sa résurrection dans un printemps de messie. Sur la droite, la même plaine, les mêmes isbas, la même forêt. Louise en a assez de la Sibérie. Au milieu, là, en face d'elle, son mari qui sort des limbes et de son hiver mais qui ne va pas forcément vers le printemps.

La nausée. La gueule de bois. Une douleur qui coupe le cerveau en deux. Son premier mot :

« Quelle heure est-il ? »

Elle savait qu'il allait commencer par vouloir se situer dans le temps. Sur un ton léger, elle répond :

« Devine ? »

Il préfère regarder sa montre :

« Pas possible. J'ai dormi tant que ça ? »

Il s'assied et se coiffe avec ses doigts. Ça tourne, il se sent sale, il pue l'alcool. Il dit :

« Si tu allais me chercher un thé ? »

Pas besoin d'y aller. Le verre est là, fumant, sur la tablette.

« Tu es devin, ou quoi ? »

Elle sourit.

« Disons que je suis douée pour prévoir certaines choses. »

Il réplique :

« Certaines. Mais pas toutes. »

Elle se demande ce qu'il veut dire, mais n'insiste pas.

Il se lève et boit son verre de thé. C'est fou ce qu'il se sent léger; si ce n'était cette douleur au crâne, et ce goût de bile qu'il transpire de partout, il serait presque heureux. A croire que sa cuite l'a purgé, lavé, vidé de tous les sentiments confus qui l'encrassent depuis des années.

Le thé brûlant lui fait du bien. Il repose le verre et s'étire.

Elle attaque avant qu'il ne rabaisse les bras :

« Devine ce qui s'est passé pendant que tu dormais. »

Il ironise :

« Le train a déraillé ? »

Elle hausse les épaules et dit :

« Tu ferais mieux de donner ta langue, car tu ne trouveras pas. »

C'est fou ce qu'elle peut l'énerver avec sa façon de jouer, tantôt à la mère, tantôt à la petite fille. Elle répète :

« Alors, tu la donnes, ta langue ? »

Sa langue, elle est tellement pâteuse qu'il en ferait bien cadeau à n'importe qui. Il dit :

« Ecoute. Arrêtons les devinettes, s'il te plaît.

– Comme tu veux, mais ça va te faire un coup. »

S'il se rassied, ça n'est pas pour mieux encaisser. Non. C'est simplement parce que la tête lui tourne.

Elle lance :

« On a descendu ta protégée à Sverdlovsk. Quarante et un et quelque de fièvre. Des cris, le délire quoi ! La cheftaine a contacté l'hôpital par radio. »

Il la regarde, d'un air indifférent. Il n'éprouve même pas la moindre des curiosités. La surprise passe de l'autre côté. Elle demande :

« C'est tout l'effet que ça te fait ? »

Elle aime cette phrase. Combien de scènes ont débuté ainsi. Réflexe machinal. Pour éviter que les choses n'empirent, il fait semblant de s'intéresser :

« C'est pas trop grave au moins ? Qu'ont dit les docteurs ? »

Elle n'en revient pas. Elle reprend :

« C'est tout ce que tu trouves à dire ? »

Quoi ? Qu'est-ce qu'elle veut ? Qu'est-ce qu'elle cherche ? D'une voix fatiguée, il murmure :

« Je ne te comprends pas. »

Elle dit :

« Mais moi non plus, je ne te comprends pas. »

Le murmure devient colère. Il dit :

« Quoi ? Tu voudrais que je m'arrache les cheveux ? Que je me mette à chialer ? Que je me flingue ? »

Elle est désarmée.

« Je croyais que tu l'aimais.
– Aimer, aimer ! Tu n'as que ce mot-là à la bouche. »

Elle aura tout entendu. C'est un comble ! Non, mais elle rêve ou quoi ? Ça n'est plus le même homme. On le lui a changé.

Son étonnement le fait rire. C'est plus fort que lui, bien qu'il n'y tienne pas, il se surprend à profiter de la situation :

« Tu as tout fait pour que ça rate et maintenant tu me reproches de ne pas être amoureux d'une fille que tu as considérée comme ta rivale. Toi qui prévois tout, tu devrais être satisfaite. Evidemment, ça n'est pas comme cela que tu envisageais les choses... »

Il respire un grand coup et reprend :

« Nous voici seuls à présent, mais où en sommes-nous après toutes tes manœuvres ?
– Quoi ? Qu'est-ce que tu insinues ? »

Il en a marre de la discussion. Marre de Louise, marre de la Sibérie, marre de son mal au crâne. Il dit :

« Ecoute. Il vaut mieux que nous en restions là. »

Le coup de poignard. L'envers de la médaille. Qu'entend-il par là ? « Arrêtons le voyage », « Cessons la vie commune » ou bien « Finissons-en de nous déchirer ? » Finalement, elle dit :

« Tu peux répéter, s'il te plaît ? »

Il préfère ne pas répéter. Il se relève, prend sa trousse de toilette et sort.

Omsk, Novosibirsk, Krasnoïarsk, Irkoutsk. Dix-neuf arrêts, deux jours et une nuit en tête-à-tête dans un compartiment surchauffé et puis c'est enfin l'escale de vingt-quatre heures au pays des Bouriates. Le programme conçu par le bureau parisien de l'Intourist prévoit une nuit à l'hôtel, la visite de la ville et du lac Baïkal. Retour vers vingt-deux heures à la gare centrale pour y attraper le transsibérien Moscou-Khabarovsk, le frère jumeau de celui d'où descend à l'instant le couple Louise et David Feyder.

Dehors, il fait moins quarante et un. Une grosse fièvre à l'envers. La limousine est conduite par un très gros chauffeur dont la tête dodeline. Le gars a l'air à moitié asphyxié. Pas étonnant. En Sibérie, pour que la température soit tolérable à l'intérieur des voitures destinées au transport des touristes, on laisse tourner le moteur même à l'arrêt.

Enfoncés dans leur banquette, les passagers sont comme cassés en deux. En vérité, ils sont épuisés par ces trois jours de voyage et leur constant aller et retour sur eux-mêmes. Louise n'a pas accepté que son mari soit sorti si différent de sa cuite. Elle l'aurait voulu inquiet, frémissant, gémissant, ça lui aurait permis d'exercer ses talents conjugués d'infirmière et de psychiatre. Non. Ce n'était pas une passade due à la gueule de bois ou à l'abrutissement, mais bel et bien une attitude nouvelle qui l'obligeait, elle, à tout remettre en question. Le plus incroyable, c'est qu'il ne faisait pas la gueule. Au contraire, il était prévenant, plutôt agréable, il l'écoutait et donnait même son avis, son opinion au cours des conversations dont ils n'étaient pas le centre. Dès qu'elle commençait à parler d'eux, David décrochait comme s'il refusait l'engagement.

Durant toutes ces heures qui ont suivi la cuite et le départ de la petite, elle avait essayé à maintes reprises de se retricoter un comportement mais, faute de dialogues, elle en était toujours réduite à des suppositions. Et s'il faisait cela uniquement pour l'emmerder ? Ou bien uniquement pour la reconquérir ? Ou alors, qui sait, juste pour se rendre intéressant. A aucun moment elle n'avait pensé au ras-le-bol. Au débordement, à la crue. Elle n'y avait pas pensé, parce que dans son esprit, le ras-le-bol, le débordement, la crue se devaient d'être accompagnés d'une explosion de colère. Impossible de sortir de soi-même sans sortir de ses gonds. A la fin, elle s'était dit : « Peut-être reviendra-t-il à lui en descendant du train. A lui c'est-à-dire à elle. »

Attendre et voir... Elle allait, en effet, bientôt voir.

La limousine roule lentement dans la ville déserte et rectiligne. Une toile de Chirico, pense-t-il. Il se voit, personnage insolite, figé comme une ombre portée tout au bout de la perspective. Tenir le coup. Avoir le courage de crever la toile et en sortir une fois pour toutes avec éclat. Il va le faire, il doit le faire, il peut le faire. Ça lui rappelle un sketch célèbre et il en sourit.

Ce sourire dans la nuit, elle le prend pour elle. Pourquoi ne pas le lui laisser croire ? Oui, détendre l'atmosphère pour avancer plus souplement.

Une grande place lisse et grise qui ressemble à un lac. Voici l'hôtel. Elle dit :

« Je crois que nous avons besoin d'un bon bain ! »

Bizarre. Lui qui d'habitude est si sensible à l'hygiène et aux odeurs n'en éprouve pas l'envie.

Laurence a été placée dans une salle commune du grand hôpital de Sverdlovsk parmi les malades du même sexe qui ne semblent pas gravement atteintes. Autour d'elle et malgré l'heure tardive, ça saucissonne, ça boit du kéfir, ça discute, ça rigole. Pour être plus tranquille, elle n'a pas fait savoir qu'elle comprenait le russe.

Deux fois par jour, on panse le bras, on administre un drôle de sirop violet et on pique six fois de suite dans les fesses. Elle va mieux. La fièvre est tombée et les médecins ont dit qu'elle pourrait reprendre son voyage. Le voyage, pour quoi faire, pour aller où ?... Elle sait maintenant que sa vie n'est ni à Tokyo avec Gesell, ni à Paris avec Coty. Oui, elle sait qu'ils sont trop légers pour elle et qu'elle est bien trop compliquée pour eux. L'aventure qu'elle vient de vivre lui a ouvert les yeux sur elle-même. Elle est faite pour trinquer son verre vide contre des verres pleins, pour obtenir ce qu'elle ne peut avoir et souffrir de ses échecs. Au fond, jamais elle n'a vécu plus intensément que ces jours derniers. D'accord, elle a dégusté, mais au moins elle a eu l'impression d'exister. Marre de David ? Sûrement pas. Plutôt marre de ne pas avoir eu David, marre de ne pas avoir su si elle en aurait vraiment eu marre.

Elle a essayé de ne plus penser à lui. Impossible. Il est là tout le temps. Alors, pourquoi l'écarter ? Ne le porte-t-elle pas en elle jusque dans sa blessure ?

Ecourter son voyage, rentrer à Paris. Attendre qu'il soit de retour et puis un jour, débarquer chez Hertz pour y louer une voiture...

CHAPITRE XII

La chambre d'hôtel ! Un désastre. La porte qui ne ferme pas, les fenêtres qui ne s'ouvrent pas. Une douche archaïque derrière un rideau de plastique crevé de partout. Des serviettes qui sentent le clochard.

Elle râle, comparant avec leur hôtel de Manaus. La revoilà avec son voyage de noces. Bon Dieu, ça n'est pourtant pas le moment.

La calmer, faire qu'elle se tranquillise, qu'elle s'endorme. D'une voix paisible, il dit :

« Tu ne te souviens pas. A Manaus, l'eau était jaune. Un vrai bain de boue.

– Comment ça, l'eau était jaune ? »

Vite. Faire machine arrière; il se reprend :

« Tu as raison. Ça n'était pas à Manaus mais à Belém. »

Elle revient de la salle d'eau et dit :

« Si tu me faisais un massage des épaules. Je me sens tellement courbatue. »

Va pour le massage.

Ils sont tous les deux nus et humides. Elle est à plat ventre, lui est assis sur elle. Il connaît ses points sensibles. La base du cou, les trapèzes, la colonne. Il ne caresse pas, il appuie, faisant disparaître une à une les contractures.

Au risque de paraître superficielle et en porte-à-faux, Louise retrouve les gestes de tous les jours, en rajoutant même dans la banalité du quotidien. Faire comme si l'autre n'avait jamais existé, agir ici, à huit mille kilomètres de Paris comme si elle était chez elle, avec lui, en oubliant la crise, cette crise qui les a pourtant conduits jusque-là.

Elle se met à gémir.

« Plus fort s'il te plaît. »

Il appuie donc plus fort. Elle se retourne et dit :

« Viens maintenant ! »

Que faire ? Accepter ou refuser. Refuser, c'est prendre le risque de lui faire passer une nuit blanche. Il veut qu'elle dorme. Elle doit dormir. Elle répète :

« Viens, je t'en prie. »

Il dit :

« Ecoute : je viens, mais ne t'imagine rien.

– Pourquoi tu me dis ça ? »

Il ne répond pas. Il se laisse tomber sur elle et la prend dans ses bras.

Il est six heures trente. Elle dort profondément. Il se lève. Vite ! S'habiller et écrire le mot qu'il laissera en bas dans le casier. Supposons qu'elle se réveille et qu'elle demande : « Où vas-tu ? » Inventer quelque chose de plausible. Prétexter l'insomnie, le besoin de se dégourdir les jambes. Surtout, ne pas lui dire la vérité. Il sait qu'elle ne le laisserait pas partir. Quoi mettre dans le mot ? Il se lance : « Ma chère Louise, à quoi bon continuer ce voyage qui nous fait mal à tous les deux. Mieux vaut cesser ce stupide tête-à-tête que nous avions, en commun, décidé. Mieux vaut prendre du recul, un certain éloignement et c'est pourquoi je retourne à Paris. Je t'en prie, ne cherche pas à m'empêcher de le faire, cela serait catastrophique pour nous deux. Garde ton calme, continue ton voyage. Je te téléphonerai à Tokyo. Je t'embrasse. David »

La rédaction du message lui prendra un peu plus d'une demi-heure. Feuilles froissées et déchirées. Des mots trop durs, des termes trop vagues, mais aussi des regrets, une tendresse certaine.

L'agence de l'Intourist ouvre à sept heures. Une fille blonde pas encore bien réveillée bâille derrière sa pancarte où il est écrit qu'on parle japonais et anglais. David, ayant déposé la lettre à la réception, entre. Il est le premier client, un client très pressé et même surexcité.

Pas très facile de trouver un avion pour Moscou. Le vol direct est complet. Par téléphone, la fille interroge l'aéroport. Bonne nouvelle, il reste quelques places sur un Ilyouchine qui dessert au passage Novosibirsk, Omsk, Sverdlovsk et Perm. Le prix du billet est dérisoire. Avec ce qu'il a donné à la petite Gitane, il aurait pu faire quatre voyages aller et retour. Salutaire, la Gitane. Son dernier rêve, sa dernière cuite sans doute ? Non. Il n'en jurerait pas.

Une peur panique que Louise, réveillée par il ne sait quel bruit ou quel pressentiment, ne surgisse soudain.

Vite, commander un taxi et s'y engouffrer comme un voleur qui emporte au loin son butin. Ayant réussi le hold-up de ses propres sentiments, David doit veiller à ce qu'on ne les lui reprenne pas. Plus tard, bien plus tard, il tentera de les négocier auprès de quelque autre receleuse, mais pour l'instant il garde tout à lui et pour lui. Surtout ne pas se jeter, comme il vient de le faire, sur la première fille venue, rien que pour ressentir le vertigineux pouvoir de sublimer, le merveilleux plaisir de se retrouver soudain dans la démesure d'un espace jusqu'alors inaccessible. Pourquoi cet acharnement, cette volonté d'échapper à l'emprise de la réalité? Oui, mettre ses fantasmes en veilleuse, regarder les choses en face et se reprendre en main. Il sait maintenant qu'on ne part pas en voyage pour faire le point de sa vie et que la distance vous éloigne des vrais problèmes. Partir, c'est peut-être mourir un peu, mais partir à deux et se retrouver à trois, c'est mourir un peu plus à chaque kilomètre parcouru. Que va-t-il se passer à présent? Franchement il n'en sait rien encore. Revenir à son point de départ lui paraît pourtant la seule chose raisonnable à faire. Etre enfin seul pour penser à lui par rapport aux autres, aux autres par rapport à lui, et à lui par rapport à lui. Peut-être va-t-il reprendre avec Louise ou continuer avec Laurence? Peut-être va-t-il les laisser l'une et l'autre et se refaire une vie de garçon? Bien sûr, il y a Véronique, mais n'est-ce pas mieux pour elle d'avoir des parents séparés sur le papier plutôt que d'avoir des parents séparés par l'incompréhension et les malentendus?

Ainsi pense David dans le taxi qui l'emmène à

l'aéroport. Il pense beaucoup, mais pense-t-il vraiment bien ? David tisse les contradictions comme l'araignée tisse sa toile, mais sa pensée ne risque-t-elle pas à tout moment de s'empêtrer telle la mouche dans le réseau inextricable des fils ? Sans s'avancer outre mesure on peut d'ores et déjà l'affirmer.

L'aéroport d'Irkoutsk grouille de monde. Des avions partent pour Moscou, d'autres pour Oulan Bator, Khabarovsk, Vladivostok, Tokyo, Hong-Kong.

David s'embarque parmi un groupe de Bouriates en costume national. Ils emportent avec eux leurs provisions de bouche mais aussi des cadeaux pour les amis moscovites. De grands poissons fumés, pêchés dans le Baïkal, presque aussi grands que les enfants qui les portent. Des coqs, pattes attachées et bec muselé, qui font un raffut de tous les diables, et puis aussi un cochon noir auquel on a passé une faveur rose autour du cou. Des coqs, mais pourquoi pas des poules ? se demande David. Existe-t-il des combats de coqs en URSS ? Pourquoi pas ? Il y a bien des courses de chevaux, des courses de rennes, des courses de chiens.

Les réacteurs s'allument et grondent.

Pas de jolies hôtesses mais des stewards musclés. David attache sa ceinture et étend les jambes comme il peut entre les bagages et la basse-cour.

L'Ilyouchine roule sur la piste enneigée et gagne son point d'envol.

L'avion s'immobilise. Le grondement s'intensifie.

Ça y est ! L'engin prend son élan.

Décollage effectué. Opération réussie. David se gratifie d'un sourire.

Appuyée au comptoir de la réception, Louise relit la lettre une deuxième fois. Jamais elle ne l'aurait cru capable de ça. Franchement, elle est épatée, littéralement ahurie du culot de son mari. Venir jusqu'ici pour en arriver là! Le plus fort, c'est qu'elle ne peut lui en vouloir d'être parti. Il a raison. Mieux vaut réfléchir chacun de son côté, n'empêche que le salaud aurait tout de même pu le lui dire au lieu de le lui écrire. Sans doute n'en a-t-il pas eu le courage. Cette lettre, c'est la preuve de sa faiblesse. D'accord, elle continuera le voyage, le temps travaille pour elle.

L'effet de surprise passé, Louise se ressaisit. Le coup qu'il vient de lui porter fait très mal à l'orgueil. Bien qu'elle comprenne les raisons qui l'ont poussé à partir, elle ne peut laisser passer un acte aussi ignoble sans réagir. L'abandonner ainsi, elle, sa femme, en plein milieu de la Sibérie, sous prétexte que monsieur a des états d'âme! Ah, non! Il va le lui payer! Elle a trop dégusté ces temps-ci, trop fait pour le garder, pour se permettre d'attendre sagement son coup de fil à Tokyo. Non mais, que croit-il? Elle ne descendra pas dans l'hôtel prévu par l'agence, elle fera la morte, la disparue. Elle le connaît assez bien pour savoir que la mauvaise conscience va se transformer en une angoisse insoutenable. Il n'aura plus une minute de répit. Il ne pensera qu'à elle. Il sera rongé d'inquiétude. Coincé le bonhomme! Une fois rentrée, ce sera un jeu d'enfant de le récupérer.

Ainsi pense Louise dans le hall de l'hôtel. Elle pense beaucoup, mais ne pense-t-elle pas complètement à côté? Sans s'avancer outre mesure, on peut d'ores et déjà l'affirmer.

Elle en est là de ses réflexions quand deux hommes en chapeau mou et en long manteau l'abordent. L'un d'eux demande en français :

« Vous êtes Mme Louise Feyder? »

Tout de suite, elle pense à un accident. Véronique, à Paris, ou bien l'avion de David?

« Reconnaissez-vous cette photo? »

L'homme tient la photographie dans le creux de sa main. Elle regarde. Il s'agit bien d'une photo d'elle, mais elle n'est pas rassurée pour autant. Bon sang! Qu'est-ce que ces flics font avec cette photo prise par sa mère il y a des années? Elle regarde sans comprendre.

« C'est bien vous, n'est-ce pas? »

Elle bredouille :

« Oui... Enfin. Mais comment?... »

L'homme la prend fermement par le bras :

« Je vais vous demander de nous suivre. »

La Sibérie. La solitude. Une voiture de police. Un commissariat. Une odeur de cigarettes froides et de poissons fumés. Un poêle de fonte sur lequel des miliciens se réchauffent les doigts.

Louise est poussée dans une pièce où quatre hommes assis tournent en même temps la tête vers elle. L'un est militaire. Les autres appartiennent-ils à la police locale ou au KGB? Louise ne saurait le dire. Louise ne sait plus rien. Ni ce qu'on lui veut ni pourquoi elle est là. Louise, comme tout le monde, a entendu parler des goulags, des asiles psychiatriques, et l'extravagance de la situation fait qu'elle imagine le pire.

S'engage alors un curieux dialogue dont toutes les questions passent par le flic qui est venu la chercher à l'hôtel. Il est censé les recevoir, les traduire et les redistribuer, mais qui sait s'il n'abuse pas de la situation.

« Demande-lui quelle est la nature de ses rapports avec Stolypine. »

Le traducteur vrille ses yeux dans ceux de Louise et repose la question :

« Depuis quand couchez-vous avec Stolypine ? »

Hésitation de Louise, jambes coupées par la peur, qui essaie de se souvenir d'un certain Stolypine. Une chose est sûre : elle n'a jamais trompé David. Elle dit :

« Je ne connais personne de ce nom. »

Traduction et mouvements de mécontentement. Phrase du militaire :

« Demande-lui si elle connaît Pierre Dylikov. »

Reprise immédiate du traducteur :

« Avez-vous été la maîtresse de Pierre Dylikov ? »

Réaction très vive de Louise :

« Mais qu'est-ce que vous attendez de moi ? Qui sont ces gens-là ? C'est une machination ou quoi ? »

L'étonnement de Louise paraît si naturel que les questionneurs soviétiques en sont troublés. Long conciliabule et changement de tir.

« S'il vous plaît, madame. Nous voulons le nom du diplomate soviétique en poste à Paris avec lequel vous avez entretenu des rapports particuliers. »

Stupéfaction et égarement de Louise qui se sent irrémédiablement entraînée dans l'absurde. Elle crie :

« Mais c'est de la folie ! Vous faites erreur. Je n'ai jamais eu aucun rapport avec qui que ce soit. »

Traduction de la réponse et reconciliabule du groupe des quatre. Ils parlent très vite et très fort, jetant vers la femme des regards craintifs comme si elle représentait un danger réel. L'un d'eux, un petit homme replet aux yeux bridés, frappe la table d'un coup de règle et déclare :

« Alors demande-lui qu'elle nous explique pourquoi et comment on a trouvé sa photographie dans la valise diplomatiquc. »

Question du traducteur :

« A quel personnage de l'ambassade avez-vous donné votre photographie ? »

Sans laisser à Louise le temps de répondre, il enchaîne :

« Nous supposons que la photographie est tombée directement du portefeuille dans le cercueil, ce qui tend à prouver que vous connaissez fort bien Stolypine ou Dylikov car Stolypine et Dylikov sont les seuls à avoir accès à la valise diplomatique. »

Elle s'écrie :

« Le cercueil ! Quel cercueil ? Mais je ne sais rien, moi, monsieur. C'est absurde. Vous voulez me rendre folle ou quoi ?... »

Deux heures de questions pressantes durant lesquelles Louise a oublié ses problèmes personnels. Elle est là, brisée, n'ayant même plus la force de se défendre. Une minute de plus et elle aurait avoué tout ce qu'ils voulaient entendre. Sa liaison avec Stolypine, ses partouzes avec Dylikov et n'importe quoi d'autre. Oui, elle aurait dit oui à tout. Par chance, ceux qui menaient l'enquête ont abandonné avant elle. Ce sont des durs à cuire, de vieux renards de l'interrogatoire, et ils se sont vite rendu compte que la Française n'avait pas l'étoffe d'une espionne. Que faire : la relâcher ou la garder ? Ils ont appelé Moscou.

La conversation n'en finit pas. Chacun d'eux parle à son tour, exprimant son opinion et donnant son sentiment sur l'affaire.

Moscou écoute, analyse, et finalement donne son verdict : « Expulsion immédiate. Qu'on la mette dans le premier avion en partance pour la capitale. »

Il n'y avait pas de place pour David dans le Tupolev Irkoutsk-Moscou, mais on en trouve une pour Louise. Elle fera donc le voyage malgré elle dans le même ciel, et elle a toutes les chances d'apercevoir les coupoles du Kremlin avant lui. Toutes les chances également de retrouver son mari à l'aéroport international de Cheremetievo.

Elle est brisée, n'empêche qu'elle imagine sa tête quand il va la voir surgir en salle d'embarquement, menottes aux poignets, accompagnée d'un policier. Elle ira vers lui et dira : « Je te jure que je n'y suis pour rien. C'est à cause de ma photo dans le cercueil. »

L'ahurissement de son mari lui fait venir un vague sourire aux lèvres; mais elle retombe aussitôt dans son propre ahurissement, se reposant pour la millième fois la même question : « Comment une photographie prise par sa mère il y a environ cinq ans, peut-elle se retrouver aujourd'hui dans une valise diplomatique soviétique ? »

Vérité ou machination. Qui et pourquoi ? Elle a beau tourner et retourner la situation dans tous les sens, bousculer ses souvenirs et se racler la mémoire, aucun raisonnement logique n'en sort; elle nage en pleine démence.

Pauvre Louise ! C'est pourtant si simple. Rien d'absurde, rien de surnaturel là-dedans. David pourrait le lui expliquer en quelques phrases : « Je cherchais quelque chose de très fin et d'assez rigide à introduire dans les interstices du cercueil en compagnie duquel j'ai voyagé, et j'ai pensé qu'une photographie ferait l'affaire. Dans mon portefeuille je n'avais que la tienne; malheureusement, elle est passée de l'autre côté. »

Bien sûr que David pourrait le lui expliquer, mais David, pour l'instant, possède quelques heures d'avance sur elle et n'est pas au même diapason. Bien sûr qu'elle va les lui grignoter ces heures-là, et même lui en prendre d'autres, et les lui faire rentrer dans la gorge jusqu'à provoquer l'étouffement.

Non. Il n'était pas dans les intentions de Louise de rentrer sur Paris. Mais voici pourtant que des événements « indépendants de sa volonté », selon la formule consacrée, vont la pousser à revenir vers son mari. Mais vont-ils se retrouver pour autant ?

Ni l'un ni l'autre pour l'instant ne le savent, et la troisième non plus.

On ne joue pas impunément avec les choses et les sentiments sans qu'il se produise un jour ou l'autre un effet de boomerang. Les actes les plus insignifiants comme les actions les plus éclatantes reviennent fatalement vers vous en avalanche, pour le pire ou le meilleur. Certains s'y laissent ensevelir, d'autres parviennent à s'en dégager, mais, de toute manière, on est touché.

La salle d'embarquement est comme le temps, grise et déprimante.

Une dizaine de jeunes officiers impatients font les cent pas, claquant leurs bottes sur le dallage défoncé.

Belle du Seigneur sur les genoux, Laurence s'efforce de persévérer dans sa lecture. Elle en est à la page trois cent vingt-trois et il en reste encore deux fois autant. Enorme, ce roman. On y apprend tout sur l'amour, les affaires, la politique, les intrigues, les bassesses, la passion, la perversion, l'ambition, le racisme. La bible de la vie, quoi !

Elle voudrait s'accrocher à sa lecture et rester encore un peu avec le héros, mais l'image de David la poursuit entre les lignes, si bien qu'elle finit par penser davantage qu'elle ne lit.

En quittant l'hôpital, Laurence s'est fait conduire au bureau de l'Intourist où l'on s'est employé de mauvaise grâce à transformer son billet de train Sverdlovsk-Nakhodka en billet d'avion Sverdlovsk-Moscou.

Est-ce un retour ou une fuite ? D'accord, elle a fait mieux que Napoléon qui n'a pas dépassé Moscou, n'empêche que ce retour-là prend plutôt des allures de Retraite de Russie. La preuve : n'est-elle pas blessée au bras et toujours harcelée par une image qui monte sans cesse à l'attaque ?

Un haut-parleur annonce l'arrivée du vol en provenance d'Irkoutsk.

Clameur des militaires qui se ruent sur la porte en scandant quelque chose qui ressemble à « la quille ».

Laurence referme son livre et se dirige comme à regret derrière les quelques rares voyageurs qui attendent, le nez écrasé contre la vitre, que l'avion ait effectué sa manœuvre d'approche.

Elle a le trac, le cœur qui bat.

S'envoler, c'est quitter la terre où quelque part il se trouve.

Comme atterrissage, il a vu mieux ! Ce con de pilote fait ses premières armes ou quoi ?

David râle. Il a eu l'impression que son estomac lui échappait. Il se sent barbouillé, mal foutu, mal dans sa peau. Il regrette d'être parti sans avoir parlé à Louise. Cette lettre ne résout rien, elle ne fait que remettre à plus tard ce qu'il vient de décider, là, d'un seul coup, en plein ciel, entre deux escales. Certes il n'est pas sûr que cela soit une bonne décision, mais c'en est une. Oui, la première grande décision prise depuis son mariage.

Le front appuyé au hublot, il regarde les bâtiments sinistres de l'aéroport. Où donc est-il ? A Novosibirsk ou à Perm ? Il essaie de déchiffrer les lettres inscrites en alphabet cyrillique sur la passerelle roulante qui s'approche. Le nom est trop long pour Perm, trop court pour Novosibirsk. Une intuition : et s'il était à Sverdlovsk ?...

Descendre. Se faire conduire à l'hôpital. La prendre dans ses bras, la ramener ainsi jusqu'à Paris, jusque chez lui, et demander : « Est-ce que tu veux vivre ici avec moi ? » N'est-ce pas déjà ce qu'il a décidé ?

Il se raisonne. Surtout ne rien brusquer. Attendre qu'elle soit de retour à Paris, attendre d'avoir parlé à Louise. Attendre d'être vraiment certain de soi-même.

Le front appuyé contre le hublot, il devine au loin Laurence dans son lit d'hôpital. Il sait qu'une fois rétablie elle continuera son voyage vers Tokyo, mais il espère que Tokyo sera pour elle une ville morte, il l'espère de tout son corps, de toute son âme.

Le front appuyé contre le hublot il regarde les passagers transis de froid s'avancer vers l'appareil. Et soudain, parmi eux, il la voit...

L'émotion, le cœur qui bat...

DU MÊME AUTEUR

Chez Laffont :

LE TÊTARD.
LA GLACE EST ROMPUE, *suivi de* CUIR DE RUSSIE.

Chez Julliard :

LE RAT D'AMÉRIQUE.
UN TYRAN SUR LE SABLE.
LES PASSAGERS DU SIDI BRAHIM.

Chez Fasquelle :

« VIVA CASTRO »

Chez Denoël :

QUI VIVE!
LES VANGAUGUIN.
MÉMOIRE D'UN AMNÉSIQUE.
LES NOUVEAUX TERRITOIRES.

« Composition réalisée en ordinateur par IOTA »

IMPRIMÉ EN FRANCE PAR BRODARD ET TAUPIN
7, bd Romain-Rolland - Montrouge - Usine de La Flèche.
LIBRAIRIE GÉNÉRALE FRANÇAISE - 14, rue de l'Ancienne-Comédie - Paris.
ISBN : 2 - 253 - 02393 - 0

30/5344/4